JN108327

小学校国語

「深い学び」をうむ
授業改善
プラン｜文学

編著
全国国語授業研究会
筑波大学附属小学校国語研究部

東洋館出版社

はじめに

学習指導要領の全面実施を受けて、教科書が改訂され、新しい教育が始まりました。新型コロナウイルスの感染の影響で、教育現場は大きな混乱の時期にありますが、この時こそ教師も学びを止めず、子どもたちのために何をすべきか、何ができるかを考えることが必要です。一人ひとりの子どもがこれからの時代を生きぬく力を伸ばすためには、知識享受型の学習から、自ら知を生み出していく学びへの転換が求められているのです。

このような時代や背景の中で、国語科の授業も変革していかなければなりません。しかし従来から、国語の授業に対して、何をどのようにやればよいのか分からない、やり方が多様すぎて、自分のやっている授業がこれでよいのか自信がもてない、という声を聞いてきました。ここであらためて、「主体的・対話的で深い学び」をうむために、国語科の授業を見直すことが必要です。

「深い学び」とは何か。本研究会では、たとえば、『ごんぎつね』を読む学習の中で、ごんの気持ちをより深く想像し、発言することができたとか、『やまなし』の作品の主題を、大人顔負けの言葉で書くことができた、というような断片的な捉え方で考えてはいません。「深い学び」は、自ら問いをもち、その解決のために今まで学んで身に付けてきた「読み方」を駆使して、仲間と共に試行錯誤しながら読み続けていくという、一人ひとりの子どもの姿の中にあると考えています。一握りの子どもによって表現されたもの、発言された言葉は、あくまでもその子の学びの結果です。クラスの全ての子どもが、同じ土俵の上で自分の学びを展開していく過程を、私たち教師は大切にしなければなりません。

本書は、教科書新教材といわゆる定番教材を教材研究し、「深い学び」をうむ授業改善プランとして提案しています。もちろん、本書で示した方法だけが改善プランだとは考えていません。本書が、子どもの資質・能力を育成するための「深い学び」につながる授業づくりに、少しでも役立つことができれば幸いです。

最後に、本書の刊行に際して東洋館出版社の西田亜希子氏、刑部愛香氏には多大なご支援をいただきました。ここにお礼申し上げます。

令和３年２月

全国国語授業研究会会長　青木伸生

もくじ

第 1 章

「深い学び」をうむ授業の姿を考える

提案授業

座談会

大塚健太郎
（文部科学省教科調査官）

青木　伸生
（筑波大学附属小学校）

青山　由紀
（筑波大学附属小学校）

桂　聖
（筑波大学附属小学校）

白坂　洋一
（筑波大学附属小学校）

弥延　浩史
（筑波大学附属小学校）

提案授業

６年「海の命」
単元名：作品について語り合う

授業者：桂　聖（筑波大学附属小学校）
児童：筑波大学附属小学校３部６年

◎初出『子どもと創る「国語の授業」No.70』
一部再構成し掲載しています。

1　振り返りの「機能」に着目する

振り返りとは、自らの学びを内省することである。多くの場合は、授業の終末の活動を指す。教師が「この時間で、わかったことや考えたことをノートに書きましょう」のように指示する。

だが、本来的には「教師の指示による振り返り」ではなく、「子どもが振り返りたくなる」ように仕向けなければならない。

読みの授業で言えば、

「あれ、自分の考えと友達の考えが違うぞ」（読みの違いに気付く）
「なるほど、そう解釈すればいいのか」（より深く解釈し始める）
「確かに、こんな読み方で読めばいいね」（読みのプロセスを自覚する）
など、子ども自らが自分の読みを振り返る姿を目指したい。

このように、振り返りでは、「活動としての振り返り活動」よりも「機能としてのリフレクション」を引き起こすことが重要になる。

2　本時の概要

本時は「海の命」を読んで三時間目の授業である。これまで「はじめの感想」を書いたり、「海の命クイズ」を出し合ったりしてきた。

そこで、本時の導入では、「海の命クイズ」の上級問題として、父、与吉じいさ、太一の言葉を提示した上で「本当の一人前の漁師に一番近いのは誰か？」という「Which 型課題」を設定する。

また、本時の展開では、子どもは、課題に対する「主張」「根拠」「理由」を出し合う中で、「本当の一人前の漁師」という観点から三人の人物像に関する解釈を深める。

そして、本時の終末では、人物像の読み方を確認する。

3　本時におけるリフレクション

本時において、リフレクションを引き起こす場面は、次の場面である。

①「Which 型課題」を設定した後で、各主張の人数を確認する場面
②自分の考えとして、「主張」「根拠」「理由」をノートに書いて、友達と「ノート対話」（ノート交換）をする場面
③「マッピング板書」によって、順次、考えの違いを次第に際立たせていく場面
④「揺さぶり発問」として「太一も父も与吉じいさも、全く同じ漁師だよね？」と、教師が投げかける場面
⑤「振り返り活動」として自分の学びを見つめ直す場面

①②③では、友達の読みを知ることで、自分の読みをリフレクションする。④では、教師の問いかけによって、自分の読みをリフレクションする。⑤では、自分の学び全体をリフレクションする。

なお、この際、自分の読みを自らリフレクションできるように、「自己評価情報の与え方」を工夫することが大切になる。

〔導入〕

1　前時までの復習・問題意識の醸成

桂　今日の板書は、真ん中から広がるように書きます。そういうつもりでノートをとってね。

――黒板の中央に「海の命」と書く。

桂　物語に登場する漁師が３人いましたね。誰ですか？

児童　太一。与吉じいさ、父。

――中央から、それぞれブランチ（枝）を伸ばして登場人物を記入。

桂　では、初級のクイズです。これは誰の言葉でしょう？

――「千びきに一ぴきでいいんだ。」と書かれたカードを提示。

児童　与吉じいさ。

桂　いいね、初級２問目。読んでください。

児童全「海のめぐみだからなあ。」

児童　父。

――３枚目のカードを提示。

桂　これは、もう分かるよね。読んでみて。

児童全「おとう、ここにおられたのですか。また会いに来ますから。」

児童　太一！

――３枚のカードをそれぞれ黒板に貼る。

桂　……で、ここから、ちょっと上級です。

文章の中で、太一は「本当の一人前の漁師」という言葉を言っていましたね。では、この３人の中で、「本当の一人前の漁師」は誰でしょう？

児童　父！　父！

児童　え、与吉じいさじゃない？

――黒板中央に「本当の一人前の漁師は？」と板書。

桂　これは、いわゆる、「本当の一人前の漁師」という何を考えているのかな？　じん？

児童全　ぶつぞう！（人物像）

――ブランチを伸ばし、「人物像」と板書。

解説

前時では「海の命クイズ」を互いに出し合った。初級はすぐにわかる、中級は調べてわかる、上級は考えてわかるというレベル。ここでの初級、上級というのは、そういう意味である。

〔展開〕

2　最初の考えの交流

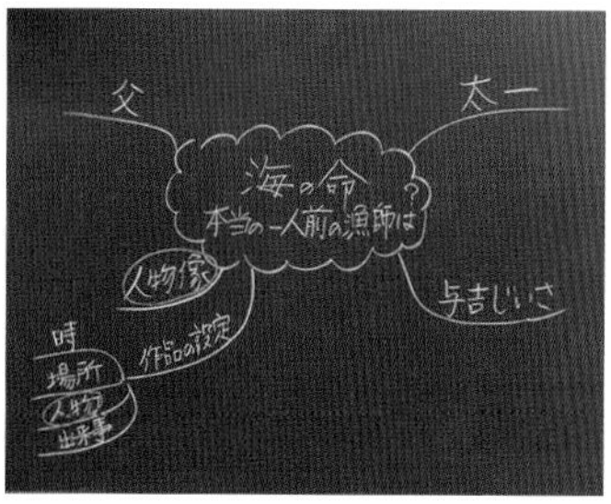

桂　今日は、３人の人物像を考えていきます。人物像というのは、作品の設定の一つだったね。作品の設定は４つあるんだけど、覚えている人いるかな？

児童　いつ、どこで、だれが、なにをしたか。

桂　つまり、「時」「場所」「人物」「出来事」。その中で、今日はこの人物のところ、人物像を考えようということです。

まず、誰かに決めてください。後で考えが変わっても、もちろんいいですよ。決めたら、その人物を丸で囲んでおいてください。

児童　クエをとらなければ、一人前の漁師になれないって言っていて、与吉じいさのことは書いてないけど、父はとろうとして亡くなって、太一もとれなかったから、誰でもないと思う。

桂　なるほど。じゃあ、こうしようか。この中で、「本当の一人前の漁師」に一番近いのは？　で考えてみよう。では、父。

――5人が起立。

桂　太一。

――21人が起立。

桂　与吉じいさ。

――5人が起立。

桂　では、ノートにその根拠と理由を書いてください。根拠は、「この文からこう思った」という、そう考えたもとになる文。理由は自分の考え。

解説

学習課題についてノートに自分の考えを書く際、最初に「根拠」（語句や文）を書くように指示した。「根拠」を書くことによって、他者との違いがより際立つ。

児童　じゃあ、最初は根拠を探すのか。

桂　そうだね。まずは根拠の文を探すんだね。では、5分ほど時間をとります。書けたら、「ノート対話」をしますからね。そのつもりで書いてください。

――児童がそれぞれ教科書を見て、考え始める。

桂　では、ノート対話をやります。隣の子と交換して、相手のノートにコメントを書いてあげてください。「よくわかる」とか「自分の考えとはちょっと違う」とか疑問とか、簡単に一言。どうぞ。終わったら、班の違う子ともノート対話してください。

――ノート対話を行う。

桂　では、今ノート対話をして、自分の考えがガラリと変わった人いますか？

――1人が挙手。

児童　与吉じいさではないというのは2人とも同じ意見でした。でも私は、最初は父だと思っていたんですけど、太一は父を超える可能性があるって相手のノートに書かれていて、確かに！　と思いました。

解説

「ノート対話」によって、他者と自分の考えの違いに気付くことで、自分の考えを振り返り始めた。この授業では、記録にあるように、自分の考えが変わった子もいた。

桂　父は「村一番の漁師」だった。でも、太一は父を超える可能性がある。そういったことから、最初の考えが変わったんだね。

3　人物像を考える

桂　では、まず選んだ人数が少ないところから聞いていきます。与吉じいさ説の方。

児童　与吉じいさは太一に「太一、ここはおまえの海だ。」と権利を譲るようなことを言っている。譲れるのは一人前の漁師だから。

――意見に合わせて、板書にブランチを伸ばしていく。

児童　221ページで与吉じいさが「千びきに一ぴきでいいんだ。」って言っていて、229ページの太一が村一番の漁師であり続けられたときにも「千びきに一ぴきしかとらない」と与吉じいさの掟を守っている。

桂　与吉じいさの掟を守っている太一が村一番の漁師なん

だから、与吉じいさも村一番の漁師だという意見だね。つまり、村一番の漁師は与吉じいさから太一に譲ったっていうこと？

児童　最初は父、次が与吉じいさ、最後は太一。

桂　なるほど。順番に変わる説が出ました。

児童　222ページに「与吉じいさは、毎日タイを二十ぴきとると、もう道具を片づけた。」とあって、無駄に魚をとらないから、村一番の漁師なのかなって。

児童　220ページに「太一は与吉じいさに弟子にしてくれるようたのみに行った。」と書いてあって、与吉じいさは弟子入りを頼まれるほど、実力があったということがわかる。それに、222ページには与吉じいさの「おかげさまでぼくも海で生きられます。」って書かれているから、与吉じいさの方が上かなと思いました。

桂　元々は与吉じいさが村一番の漁師だったという考えですね。では、次は父だと考えた人、どうぞ。

児童　220ページの2行目から5行目で、クエをとらえようとして亡くなったことが書かれているけど、ロープでとらえるところまでいっているから。

桂　言っていること分かるかな？　父は、クエをとらえるところまでいってるよね。

児童　太一はとらえるところまではいっていない。

桂　父はクエをもりでつきさしたんだっけ？

児童全　つきさした！

桂　でも、太一は？

児童全　つきさしていない。

児童　でも、村一番ではあるけど、「本当の一人前の漁師」かは分からないんじゃない？

桂　そうだよね。村一番の漁師って、もぐり漁師のことだよね。父はクエをつきさしたけど、太一はつきさしていない。じゃあ、与吉じいさは？

児童　220ページに「もう魚を海に自然に遊ばせたくなっとる。」って言っているから、もしかしたら、さしていないのかもしれない。

児童　与吉じいさは父より劣っていると思う。218ページに、父は「だれにももぐれない瀬に、たった一人でもぐっては」ってあって、このころは与吉じいさも漁師だったと思うけどもぐれない中の一人だったから。

児童　与吉じいさは「毎日一本づりに言っている漁師」と書かれていて、そもそももぐり漁師じゃない。

児童　一本づり漁師の与吉じいさと、もぐり漁師の父を比べて、どっちが上とかどっちが下とか言えないと思う。

桂　そうだね。専門が父はもぐりで、与吉じいさは一本づりだから、比べようがないと。じゃあ、太一は？

児童　太一は両方できる！

桂　3人とも「村一番」とあるけど、与吉じいさは一本づり、父はもぐり、太一は最初は？

児童全　一本づり。

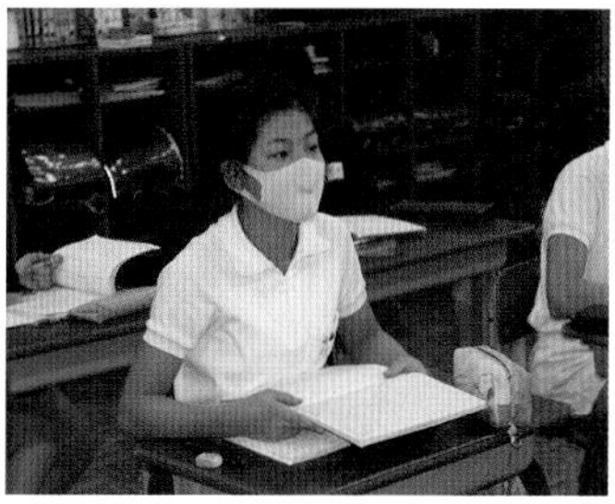

解説

話し合い活動で出された子どもの読み（根拠と理由）を「マッピング板書」で整理した。このことで、もぐり漁師と一本釣りの漁師の違いが次第に浮き彫りになってきた。

桂　そのあとにもぐった。でも、もぐったけど、クエはまださしていない。ということは……？　さあ、そろそろ太一説の人、どうですか。

児童　228ページの最後の部分に、「もりの刃先を足の方にどけ、クエに向かってもう一度えがおを作った。」とあって、かたきなのに太一の優しさで殺さずに、「海の命だと思えた」ってあるから、「本当の一人前」のっていう意味では太一かな。

児童　でもさ、このクエってさ、本当に父を殺したクエだったのかな？

児童　父を殺したクエの目は緑だけど、太一が見つけたクエの目は青いよ。

児童　でもさ、目の色は反射の問題や、どこの角度から見るのかという問題もある。別に目の色が同じだからといって同じクエとも限らないし。同じとも言い切れないけど、違うとも言い切れない。

――勢いよく、数人が挙手。

児童　でもでも、同じだったら、わざわざ目の色なんて書かないと思う！

児童　本当は違うかもしれないけど、太一は同じだと思っていることが大事。

――「太一は同じと思ってる」と板書。

解説

クエが同じか違うかという問題になった。だが、「太一が同じだと思っている」ことが大事だと気付くことができた。一見話がそれたように思えるが、解決すべき重要な話題である。

児童　太一は「村一番のもぐり漁師だった父を破った瀬の主なのかもしれない」って勝手に想像している。

桂　そうだね、太一はそう思っているね。
では、「本当の一人前の漁師」は太一説の話に戻ろうか。

児童　228ページで「この魚をとらなければ、本当の一人前の漁師になれない」んじゃないかと思って泣きそうになっているけれど、そのあと、「こう思うことによって、太一は瀬の主を殺さないで済んだのだった」とあって、つまり殺そうと思えば殺せたんじゃないかと思う。

――「殺そうと思えば殺せた」と板書。

桂　では、この部分を一度読んでください。

児童全　「おとう、ここにおられたのですか。また会いに来ますから。」

桂　その次。

児童全　「こう思うことによって、太一は瀬の主を殺さないで済んだ。」

桂　そう、ここはわざと「こう思」ったんだよ。

児童　殺そうと思えば殺せたけど、優しさで殺さなかった。

児童　なんで殺さなかったんだろう？

児童　「大魚はこの海の命」だから？

児童　太一はクエを殺さなかったけど、太一も父とは違ってクエに殺されなかった。しかも、その後もずっと村一番の漁師であり続けているよ。

解説

太一が「殺そうと思えば殺せた」のは個人の解釈。大事なのは〈こう思うことによって〉とあるように意図的にやめたこと。次時ではここに太一の成長を関係づけて解釈させてみたい。

4　振り返り

桂　ここまでいろんな人の意見を聞きましたが、どうで

しょうか。最初は父５人、与吉じいさ５人、太一21人でしたが、考えは変わりましたか？　振り返ってみましょう。では、まず、父説の人、立ってください。

——4 人が起立。

桂　与吉じいさ。

——3 人が起立。

児童　おー！

桂　太一。

——24 人が起立。

桂　この問題ってさ、答えはあるの？

児童全　ない。

桂　ないから、最終的には自分の考えになるんだけど、どんなところに注目したかが大事だよね。みんなはどんなところに注目した？

児童　心情。

児童　どういうことをしたのか、行動。

児童　会話。

——赤字で「心情」「行動」「会話文」とブランチを伸ばす。

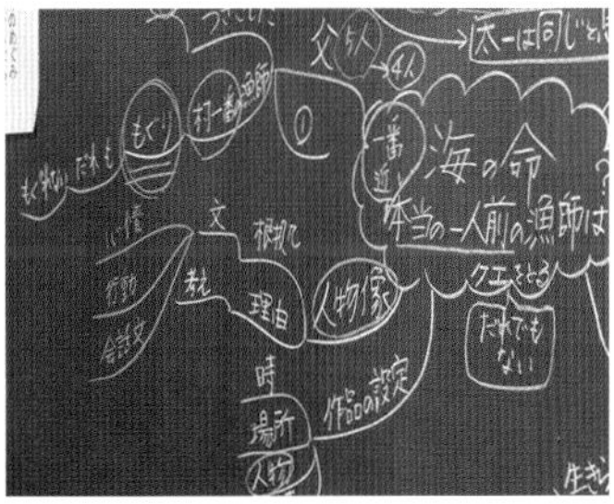

桂　考えはそれぞれだけど、心情、行動、会話文、この３つに注目したのは共通だね。

ちなみに太一は、父をこえましたか？

児童　はい！

児童　え、本当に？

桂　こえたと思う人、どのくらいいる？

——半分ほどが挙手。

桂　こえていないと思う人。

——半分ほどが挙手。

桂　なるほど、そんなことも一緒に考えていきましょう。振り返りで、今日考えたことをノートに書いておいてね。考えが変わったことや、変わらなかった人はもっとこの理由が増えた、とかでもいいよ。変わったこと、付け加わったこと。

——それぞれがノートに振り返りを書く。

桂　今日はっきりしたことは、村一番と言っても、もぐりと一本づりがいるということが分かったね。

では、書けた人からおわりにしてください。

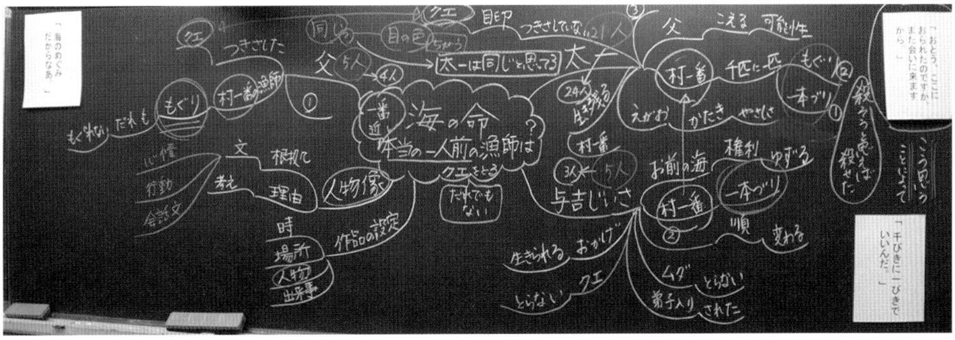

座談会

「深い学び」をうむ授業の姿を考える
—文学編—

【参加者】

大塚健太郎（文部科学省教科調査官）
青木　伸生（筑波大学附属小学校）
青山　由紀（筑波大学附属小学校）
桂　　聖（筑波大学附属小学校）
白坂　洋一（筑波大学附属小学校）
弥延　浩史（筑波大学附属小学校）

本座談会は2021年1月18日にzoomを用いて行いました。

1 「海の命」の授業から

青木　今年度から全面実施された学習指導要領では「主体的・対話的で深い学び」を実現させることが大きな柱になっています。国語科では、改訂されて新しくなった教科書が1年間使われ、特に「読むこと」においては、どのような授業改善をしていくと「深い学び」が生まれてくるのかが今まさに課題になっています。実践者の立場から、このような課題に対して具体的に考えていければと思います。

　では、まずは文学的な文章について桂さんの「海の命」の実践から提案をよろしくお願いします。

桂　結論から言うと、私は「深い学び」を引き起こすためには、ゆさぶりが必要だと考えています。子どもが自分の読みを、もう一度見直す必要に迫られる状況に置かれることで「深い学び」を引き出すことができるということです。

　前提として、一人一人がそれぞれの自分の読みをもつことが必要です。そのためには自分の読みを選択・判断する機会を全員に保障しないといけません。そこで私は「Which型課題」を提案しています（資料1）。さらには自分の読みがゆさぶられて変化するためには、友達の読みや情報を整理・共有できる板書が必要です。

「Which型課題」の授業モデル

①問題意識の醸成

②「Which型課題」の設定　(T)どれ？
　★選択・判断（主体的・対話的な学び）　【拡散】

③考えのゆさぶり（ゆさぶり発問）
　★読み方（深い学び）　【収束】

④まとめ・振り返り

資料1「Which型課題」の授業モデル（桂）

　今回提案している「海のいのち」の授業では「本当の一人前の漁師はだれか？」と最初の課題を設定しました。しかし実際には、「クエをとれていないから、誰も一人前になれてはいない」という子どもの意見を受けて「じゃあ、一番近い『本当の一人前の漁師』はだれ？」と少し変えました。これはあらかじめ想定していたものです。

　子どもからは、父は「だれにももぐれない瀬に、たった一人でももぐ」ったけれど、与吉じいさはもぐれないというような話が続きました。ここで私が「与吉じいさはもぐっていないから、父の方が上ということなのだね」とゆさぶりました。というのも、子どもたちが、もぐり漁師などの作品の設定に関わる事柄をやや曖昧にとらえているという感覚があったからです。元々は､「太一も父も与吉じいさも全く同じ漁師だよね」というゆさぶりをするつもりだったのですが、ちょうど子どもから「与吉じいさも漁師だったけど、もぐらないから」という発言が出たため、ゆさぶりの内容を変えました。このゆさぶりで、一本釣りの漁師ともぐり漁師という作品の設定に注目させました。クエと対峙する場面に至ったときには､「海の命だと太一は思うことによって」というような記述をもとに､「殺そうと思えば殺せたけど、殺さなかった。だから本当の一人前の漁師に近い」とか､「太一は父と違ってクエに殺されなかった」「その後も村一番の漁師であり続けた」というような根拠をもとに、太一が本当の一人前の漁師であるという解釈を深めていきました。

それぞれに様々な解釈がある内容なので、根拠をもとにして読みを深められているかということが大事です。作品の設定に関わる人物像をきちんととらえて、それぞれの解釈を深めるということを意識しました。

考えをスムーズに引き出すため、導入部分において象徴的な三つの言葉を黒板に配置して選択させる――筑波大学附属小学校では「きめる学び」と呼んでいます――学習課題を設定し、さらにはマッピング型板書という視覚的な板書を活用しました。

2　学習課題の在り方に迫る

弥延　「海の命」は「どうして太一はクエをうたなかったのか」というところに辿り着く教材ではないかなと思うのですが、それを「どれ？」という「Which 型課題」で読んでいくという展開でした。「どうして？」ではなくて､「どれ？」を問う「Which 型課題」にするのはどうしてなのでしょうか。

桂　まずは質問の意図を聞きたいのですが､「なぜ？」「どうして？」と発問するときに押さえたいことはなんでしょうか。

弥延　人物像や心情描写などです。

桂　この授業においても、それは押さえられていると思います。

例えば､「殺そうと思えば殺せた」や「そのまま村一番の漁師でずっとあり続けた」ということについてもう一歩深く聞くためには「なぜ？」という問いは必要だと思います。

弥延　「なぜ？」の前に「Which 型課題」があるというイメージですか？

桂　そういう形でもいいと思います。解釈を深めることも確かに大事なのですが、例えば、ほかの文章を読むときにも通用する人物像や心情描写などの読みの観点・読み方に注目して読みを深めたりとか、言葉を根拠に深めたりするというのが非常に重要だと思っています。解釈に留まらず､「ここで学んだ読み方をほかの場面でも使えないだろうか」と子どもが思えるようになる、それができていれば「なぜ？」という問い方もいいと思います。

それから、そもそも全員参加できるかどうかというところも非常に重要に感じています。「主体的・対話的で深い学び」を考えるときに、クラスの子ども全員が一歩目を踏み出せない学習課題になっていたら、それはちょっと違うのではないかなと。

白坂　私は「Which 型課題」によって、教材の中の一番外せない部分、勘所の部分に着目することができたと考えています。それは、瀬の主と対峙したときの太一の心情や葛藤の部分です。

私が「海の命」を授業した時には「本当の一人前の漁師と村一番の漁師は同じか」と発問したことがあります。その「同じか」という問い方を使うことで、本当の一人前の漁師と村一番の漁師の違いや、クエをとること・とらないことの違いに着目することができるように展開しました。「Which型課題」のよさというのは、選択することを通して、その根拠を教材に求めていくところだと考えています。

青木　私も授業の中で選ばせることはあります。その選ぶ過程に読みが深まっていくということの方が大事だと考えています。だから、だれが選ばれてもいいのです。解釈の中で、子どもの読みが深まっていく過程をつくるための活動が非常に重要だと思います。

青山　桂先生の中では、最後まで「おとう」が残るという想定だったのですか？

桂　私の解釈では太一なので想定していませんでした。

青木　でもこれは、だれが残ってもいいわけですよね？

桂　そうですね。自分の考えが深まるという学びのプロセス――検討し合う中で根拠が増えるとか、主張は変わらないけれど理由が変わったとか――を踏ませることが重要です。ただ、こうして自分たちで考えたことを板書に残して実感できるようにすることは必要だったのかもしれません。

青木　子どもたちは自分自身で考えてみたり、友達と話し合ったりして、常に自分の読みについて振り返っていて、その中でだんだんと自分の中でも解釈が深まっていることを感じながら読みをつくっていくわけですよね。

桂　そのためにはやはり最初の足場が必要ですね。当たり前のことですが、一人学びの時間をちゃんととることが大切です。

ここで工夫したのは「だれかという意見と、まず根拠を探して理由を考えなさい」と、根拠から理由を考えさせたことです。本時の中で自分の考えをつくるための時間を確保して、足場となる叙述を子どもたちが押さえた上で話し合いが行われたということ、そこは自分でもよかったと思っています。よくある風景として、子どもが意見を述べたら、「どこからそう考えたの？」と教師が何度も何度も問い返すというものがあります。そういう場面が、ほとんどなかったのはよかったと思っています。

白坂　私は「読むこと」の授業は３種類に分けることができると思っています。一つは正解を求める読解授業で、もう一つは方略、ストラテジーを身に付けるための読解授業。３つ目が他者と交流して他者と読むという拓かれた読解授業。

この授業では３つ目の他者と読むという拓かれた読解が提案されていると感じました。今回の問いには確定する一つの答えがあるわけではなく、子どもたちがそれぞれの解釈を交流して振り返って読んでいくことで、理由と根拠を明確にしつつ、そこで意味理解も深めていく授業であると拝見しながら考えていました。

桂　確かにそうだと思います。他者と関わり合うためには、どの言葉を根拠にしているかを明確に述べていくことが大事ですね。

３　「深い学び」をうむサイクル

青木　では、本校国語部のメンバーから文学的な文章に関する提案をしていきたいと思います。まずは、私から提案いたします。

私は、国語における「深い学び」について以下のサイクルを考えています（資料２）。

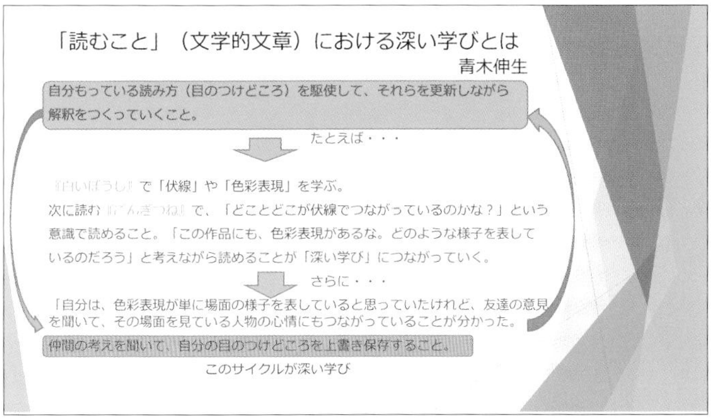

資料2「読むこと」における深い学びのサイクル（青木）

まずは自分の読みをもつというところ、どんな言葉に目を付けるかとか、それを支えにしたり、更新したりしながら自分の読みをつくっていくという段階があります。

例えば4年生で「白いぼうし」という作品がありますが、その中で場面のつながりの「伏線」を学んだとします。その後、「ごんぎつね」を読んだときに全く違う学習をするのではなく、「どことどこが伏線でつながっているのかな」という意識で子どもが読むことができたら、過去に「白いぼうし」で学んだ「伏線」という知識が使えている、学んで活用できている証拠になります。今までの学びの経験を生かして、それを新たに学ぶ材料に対して活用していこうとするという姿勢が「深い学び」につながってくのではないかと考えます。それから、仲間と学ぶことで新たな気づきを得ていく、それが目の付け所を上書きしていくという流れでとらえています。

この自分の読みをもって仲間と関わっていく中で、自分の読みを上書きしていくというサイクルが「深い学び」をつくっていくのではないかというように考えています。そのような読みをつくるためには、前提として洗練された発問であるとか、子どもに自分の読みをつくらせるための投げ掛けとか課題設定が必要ですし、自分の読みを仲間と交流するという場面も必要になってきます。

それぞれの作品は全く別々ではなく、ちゃんとつながりをもって系統的に学ばせていくということが今度の授業改善においても大事だと考えました。

弥延　青木先生のご提案に関連する部分があると思ったので私の提案も続けてさせてください。

私も国語科における「深い学び」のイメージを一つのサイクルとして整理してみました（資料3）。自分の読みが変わったことに気付く、それを踏まえてさらに読みを進めるという部分に「深い学び」があるのではないかと思っています。その中には、自分の読みを追究する部分と、自分の学びを自覚して評価するという二つの形があるのではないかと思い、今回はⅠとⅡという形で分けてみました。

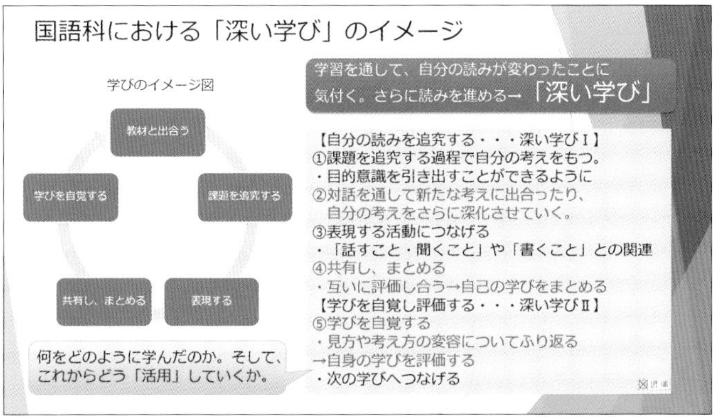

資料3　国語科における「深い学び」のイメージ（弥延）

まずは課題を追究する過程で自分の考えをもつ。それを対話を通して新たな考えに出合ったり、さらに深めていったりするところに「深い学び」への入口があると考えます。ですので、課題を追究する過程で自分の考えをしっかりともたせるということが大事なのではないかと考えています。さらには、それを表現する活動につなげていきたいと考えています。つまり、「話すこと・聞くこと」「書くこと」との関連、プレゼンテーションをするなどもそうですし、紹介文を書くという活動でもよいですし、そういった形で自分の中で閉じている状態ではなく、交流をして開いていく形につなげたいと思います。最終的に自分の読みを互いに評価し合って、まとめる、という流れが「深い学び」になっていくのではないかと考えています。

この流れから、自分の見方や考え方の変容を自覚して振り返ることができ、自身の学びを評価できるようになる、ほかの文章を読むときにも「この読み方が使えるな」と身に付けた力を自覚させられるような活動が重要になってくるのではないかなと思っています。

4 「深い学び」をつくるためのキーワード

白坂　私は国語授業全体を見渡して整理してみました。「深い学び」をつくるときのキーワードとして、「学習者主体」「問い」「協働」の三つが挙げられると思っています（資料4）。

「学習者主体」は、言葉の使い手である子どもが主体の授業であるということです。

「問い」については、「質問」と「発問」、「問い」は使い分けなければならないと考えています。まず質問とは、「先生、これってなに？」のように分からない側が分かっている側に対して聞くものです。「発問」は教師が子どもたちに投げかけるように、分かっている側が分かっていない側に発するものです。「問い」は発している側も受けている側もどちらにもはっきりしたものは分からないものです。この「問い」を検討していくことが、これからの国語授業づくりに必要だと考えています。

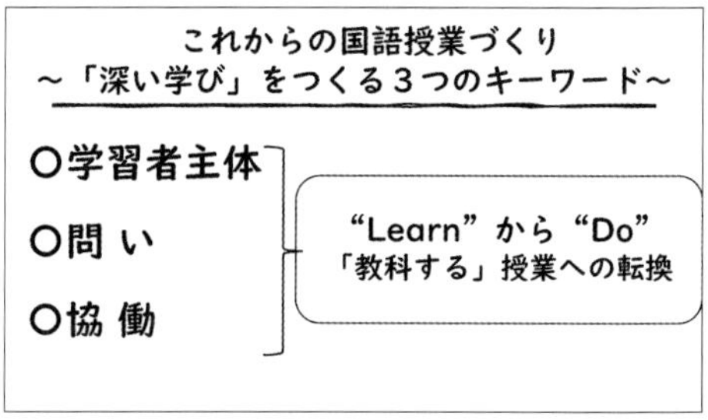

資料４「深い学び」をつくる３つのキーワード（白坂）

「協働」は他者に開かれた読解を進めていく中で非常に重要な概念になってくると考えています。他教科でもキーワードになるでしょう。

これからの国語科は “Learn” から “Do”、子どもたちが国語を「習う」という立場から「する」立場へと変える必要があると考えています。京都大学の石井英真先生は「教科する」と呼んでいますが、このような考え方が「深い学び」をつくる上でも大切になっていくのだと思います。

私も「海の命」の授業をしたときに学習課題を「太一に一番影響を与えたのはだれかを円グラフで表現する」としました。そういった観点で読みの交流、対話をする中で、「問い」というのが強く関わっていると実感しました。

青木　白坂先生のいう「問い」というのは、学び手から生まれてくるものですか。

白坂　そうです。学び手から生まれてくると考えています。そのために、桂先生がおっ

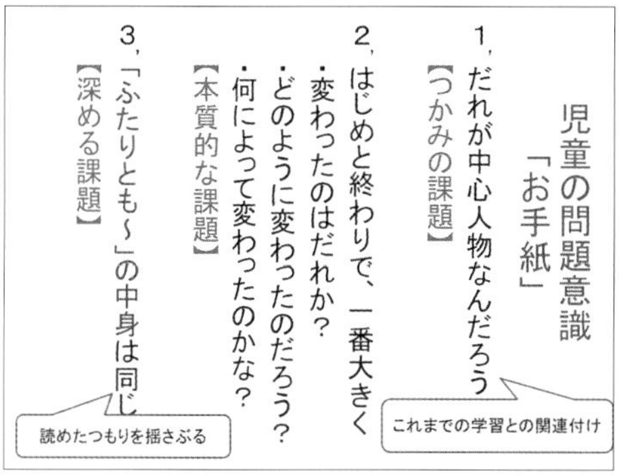

資料5　「お手紙」における問題意識の変容（青山）

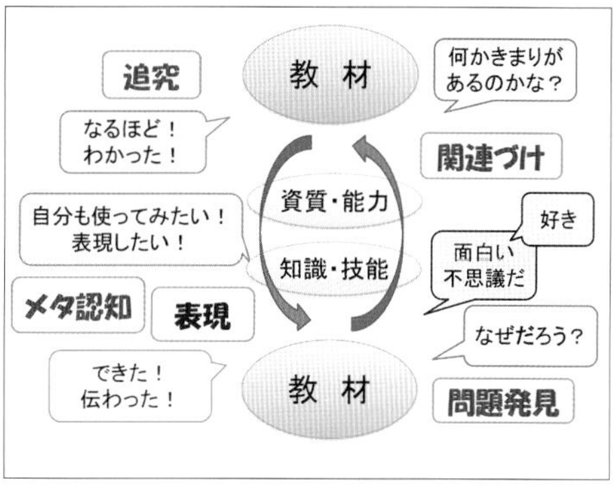

資料6　「深い学び」を生むスパイラル（青山）

しゃっていた「足場」のようなものを組み立てて、自分の読みをもつことで「問い」が生まれてくることを大切にしています。

青山　私は「お手紙」を例に子どもたちの「問題意識の変容」を考えてみました（資料5）。

まず、子どもたちには「お手紙」を読んで、「だれが中心人物なんだろう？」と今までの学習と関連付けた問題意識が生まれます。

そのあと、中心人物について「変わったのはだれかな？」「どのように変わったのかな？」「何によって変わったのかな？」の3点セットで考えていきます。　そうすると、子どもは「二人とも変わったよ！」となります。教師は「そうかぁ、二人ともかぁ」と応えつつ、「その『二人とも変わった』の中身は同じ？」と、子どもが読み切ったと思うところをもう一度ゆさぶることが重要になってくると思っています。

それから、先ほどの青木先生の提案に似ていますが、教材同士の関わり合いを意識できるようにしたいです。教材同士の関連付けを意識すると、子どもは「前の教材では……」と考えながら、「なぜだろう？」と問題を自ら発見するようになります。そこから学びが始まり、追究する過程で思考錯誤し、「自分も表現してみたい！」と表現に至ります。そして、「できた！　伝わった！」という段階を経て、また次の教材へとスパイラルに資質・能力や知識・技能などを身に付けていく状態が「深い学び」に関わると考えています（資料6）。

青木　ありがとうございます。それぞれで、多少表現や言い回しが違う部分もありますが、やはり子ども一人一人が自分の読みをもつために「問い」が生まれるとか、今までの学びを生かすとか、そのような積み重ね、そこから生まれてくる課題意識のようなものを大事にするということ。それから、もしかしたら拡散したままになってしまうかもしれない子どもの読みを、板書や教師からのゆさぶりの問いかけで整理し焦点化していく。そこに仲間の読みが加わっていくことで、みんなでもう一段階高い読みに向かっていく、そのようなサイクルが「深い学び」をつくっていくのではないかと思いました。

大塚先生、いかがでしょうか。

大塚　ご提案ありがとうございました。これらのご発表は、あくまでも各々の先生と子供たちとの一事例です。資質・能力の育成を目指す学習は、何か特別な型があり、それらを模倣することではないことにご留意いただきたいと存じます。

その上で、例えば、ご発表の中に「足場」

「自分の読み」「方略」「拓かれた読解」という言葉がありましたが、学習指導要領の指導事項にありますように「構造と内容の把握」「精査・解釈」「考えの形成」「共有」という学習過程になぞらえて整理をされているのではないかなと感じました。

今までの国語の授業では、どちらかと言えば学習過程のすべてを一度の授業で取り扱おうとしているように感じるところもありました。しかし、実際には限られた時間の中で指導するため、例えば指導内容を重点化したり、年間指導計画の中で、系統性をもたせて、実の場を設け、その中において自分の考えを形成できるようにしていくことが必要なのではないでしょうか。そうして自分の考えをしっかりともてるようになったところで、周囲と考えを共有すると、考えが広がっていくことになるでしょう。一方で、今まで自分では気付かなかった部分に気付き、学びが広がっていくこともあります。ですので、いつも同じサイクルで授業を展開していくというよりも、少し重点化していき、特に身に付けさせたい力を位置付けていくとよいのではないでしょうか。一つの教材の中で、また、年間を通じた指導計画の中で、軽重をうまくつけられるようになることは、大切なことではないでしょうか。

学習指導要領では、指導事項が２学年ごとにまとまっています。例えば、「構造と内容の把握」を順に見ていくと、低学年では「場面の様子や登場人物の行動など、内容の大体を捉え」、中学年では「登場人物の行動や気持ちなどについて、叙述を基に捉え」、高学年では「登場人物の相互関係や心情などについて、描写を基に捉える」まで、積み重ねていくことが、最終的には自分の考えを形成するために重要になっていくのではないのでしょうか。

それから、効果的な場面で学習の中で使われる言葉を示していくことで、それらを使いこなせるようになるでしょう。「深い学び」に向かっていくことも可能になるのではないでしょうか。

最後に、今回使われている「深い学び」という言葉ですが、それが単独に存在するのではなく、「主体的な学び」と「対話的な学び」と「深い学び」の三つの視点は、子供の学びの過程としては一体として実現されるものであるが、それぞれ相互に影響し合うものであるということが大切です。「深い学び」だけを追究するのでなく、「主体的な学び」であれば「対話的な学び」を求めるようになり、そのような学びの中で「言葉による見方・考え方」を働かせるようになり、言葉への気付き等が生まれ、「深い学び」へとつながっていくように思います。

みなさんがご提案くださった内容、今までの国語科では大切にされてこなかったことかというと決してそうではないと思います。しかし、そういったところをあらためて丁寧に整理し、実践という場から発信されているところに、価値があるのではないかと思いました。

〈説明文については、別冊『「深い学び」をうむ授業改善プラン―説明文―』に掲載してます〉

第2章

「深い学び」をうむ
授業改善プラン

1年

おおきな　かぶ（光村図書）

東京都・東村山市立久米川小学校　小島美和

私の授業改善プラン

1 「読むこと」の授業における問題点

新学習指導要領では、「主体的・対話的で深い学び」の視点からの授業改善を推進させることが求められている。そのために、言語活動の充実がより一層重視され、多くの学校で「読むこと」の授業においても行われている。

たが、それらの言語活動の中には、教材の特性や活動の必然性が考えられていないものや、単元で育成を目指す資質・能力に適していないもの、活動の意義を子どもたちが理解していない、また見通しがもてない中で進めてしまっているものなどの実態が見られることがある。そこには、教師自身が何を教えたらよいかのビジョンを明確にもたないまま、困り感の中で多くの時数をかけ「読むこと」の指導に当たっている現状がある。

2 「読むこと」の授業改善のために必要なこと

「読むこと」の学習には、何よりもまず、教材の魅力が大切である。子どもの内面を揺さぶり、読むことへの意欲や関心を高める魅力的な教材の価値や特性を、教師がいかに理解し、捉えることができるかが重要である。

そして、そこから指導事項（資質・能力）を明確にした上で、教材の特性に合った適切な言語活動を設定していく。主体的な学習のためには、子どもたちが課題を自分のこととして考え、見通しをもって学べることが大切である。子どもたちは、魅力的な課題が提示され、楽しい、面白いと感じたり、どうしてだろう、何か違うのではないかと「思考のズレ」が生じたりすると、自ら深く考えようとし、子どもたち同士での対話へとつながっていく。その際、どのような「用語」「方法」「原理・原則」を子どもたちに身に付けさせ、それをもとに課題解決させるかを考えておくことが必要となる。

この「おおきなかぶ」の学習では、登場人物という用語の定義を正しく理解すること、何が繰り返されているかを読み取るとともに、繰り返すことによって何を強調しているのか、繰り返しの効果を考えることを大事にしていく。

また、学習を通して「できた」「わかった」ことを振り返り、実感させることも大切である。身に付けた力を生かす場面を子ども自身が自覚することで、教科書教材だけに閉じず、日常の読書活動へとつないでいくことができるようになると考える。

1　教材分析

1　育てたい資質・能力

①語のまとまりや言葉の響きなどに気を付けて音読すること。

②場面の様子や登場人物の行動など、内容の大体を捉えること。

③進んで、場面の様子や登場人物の行動について考え、学習の見通しをもって音読劇をしようとすること。

2　教材の特性

「おおきなかぶ」は、おじいさんが種をまき、育てた甘く大きなかぶを抜こうとするが一人では抜けず、人や動物の力を借りて、ようやく抜くことができる話である。栽培や協力、収穫の喜びがあふれる物語である。

本教材の特性は、以下の３点にまとめることができる。

①場面の繰り返しとリズミカルな掛け声の繰り返しのおもしろさ。
②登場人物の順序の意味。大きく強いものから小さく弱いものへと順に登場し、最後にいちばん力の弱いねずみが引っ張ったところで抜けるというおもしろさ。
③接続語の変化で中心人物の気持ちを表している。

3　単元化のポイント

「主体的・対話的で深い学び」を実現させる授業デザイン

教材の特性である、なかなか抜けないかぶと、どんどん登場人物が増えていく場面の繰り返しと、リズミカルな掛け声の繰り返しのおもしろさを感じられるよう、音読劇を設定する。

また、「甘い甘い」「大きな大きな」に込められるおじいさんのかぶに対する思いや、「けれども」「それでも」「やっぱり」「まだまだ」「なかなか」から予想されるかぶが抜けないことをがっかりする気持ちを表現する言葉や、「とうとう」に込められるかぶが抜けた喜びを表現する言葉に着目し、丁寧に押さえることでしっかりと感じられるようにしたい。

さらに、登場人物が出てくる順番や関係性にも目を向け、その効果を子どもたちが考えられるようにすることで、さらにこの物語のおもしろさに気付いていけるようにする。

音読劇では、次の登場人物をどう呼ぶかなど教科書にないせりふを付け加えさせながら、登場人物の行動、会話などを手掛かりに具体的に想像できるようにしたい。

2　単元構想（全６時間）

単元名

「おおきなかぶ」の音読劇をしよう

単元計画

○数字は字数

一次	二次	
①音読劇の見通しを立てよう	②登場人物について考えよう	③登場人物の出てくる順番について考えよう【本時】
○教師の範読を聞く。 ○登場人物を確認し、音読劇に必要な人数を考える。 ○学習の見通しをもつ。	○なぜ「あまい」を先に言っているのだろう。 ○なぜ「あまいあまい」、「大きな大きな」と２回繰り返しているのだろう。 ○接続語を空欄にして読み、あるとないのでは、どう違うか、誰の気持ちが込められているのか考える。 改善ポイント①	○どの順番になっているのか確認し、なぜこの順番に登場しているのか考える。 ○内田莉莎子さんの訳と比べて違いを考える。 改善ポイント②

単元の概要

本教材の特徴は、繰り返しのおもしろさと訳者による登場人物の順序の違いである。人物の繰り返しや「うんとこしょ、どっこいしょ。」の言葉の繰り返し、抜けないかぶの様子を表す接続語の繰り返しなどをとらえながら繰り返し音読することで、場面の様子を考えたり、登場人物の気持ちを想像したりすることを大切にしたい。そこで、音読劇を言語活動として設定する。

光村図書版と内田訳では、登場人物の順序に違いがある。登場順の意味を考えることで、その繰り返しによって何が強調されているか考え、光村図書版では、ねずみという小さな力の重要さを、内田さんの訳では、かぶの大きさを強調しているという表現の効果をとらえられるようにしていく。

その上で、どちらかをグループで選び、音読劇を行う。音読劇では、繰り返し出てくる言葉や表現に目を向けて、その音読の仕方を工夫したり、どうやって次の人を読んだのかや、どのようにしてかぶを抜こうとしているのか想像し、せりふを加えたりすることで、イメージ豊かに物語の世界を味わうことができるようにしたい。

目標

〈知識及び技能〉語のまとまりや言葉の響きなどに気を付けて音読することができる。
〈思考力、判断力、表現力等〉場面の様子や登場人物の行動など、内容の大体を捉えることができる。
〈学びに向かう力、人間性等〉進んで、場面の様子や登場人物の行動について考え、学習の見通しをもって音読劇をしようとする。

評価規準

〈知識・技能〉語のまとまりや言葉の響きなどに気を付けて音読している。((1) ク)
〈思考・判断・表現〉「読むこと」において場面の様子や登場人物の行動など、内容の大体を捉えている。(C (1) イ)
〈主体的に学習に取り組む態度〉進んで、場面の様子や登場人物の行動について考え、学習の見通しをもって音読劇をしようとしている。

	二次	三次
	④・⑤グループで役を決めて、音読劇の練習をしよう	⑥音読劇の発表会をしよう
	○グループごとに役割分担を決める。 ○どのようにしてかぶを抜こうとしているのか、どうやって次の人を呼んだのか想像し、加えるせりふを考える。 ○グループごとに音読劇の練習をする。 **改善ポイント③**	○グループごとに音読劇の発表をする。 ○よかったところや感想を互いに伝え合う。 ○物語のおもしろさを考える。

授業改善のポイント

改善ポイント① 繰り返しに込められたものについて考える

この物語には、繰り返しの言葉が出てくる。なぜ「あまい」や「大きな」を2回繰り返すのか、1回のときと比べ何が違うのか考えることで、種をまいたおじいさんの思いや願いを考えられるようにする。また、接続語の繰り返しに着目しながら読んでいくことで、かぶの様子とともに、登場人物の気持ちについても表現できるようにする。

改善ポイント② 登場人物の順序の意味と繰り返しの効果について考える

登場人物の出てくる順序は、光村図書版では、「かぶ」から「ねずみ」へと大きいものから小さいものの順に、内田さんの訳では、「ねずみ」から「かぶ」へと、小さいものから大きなものの順になっている。二つを比較し、繰り返すことで強調されているものについて考える。光村図書版では、ねずみという小さな力の重要さを、内田さんの訳では、かぶの大きさをとらえ、「おおきなかぶ」という題名と結び付けて読んでいくようにする。

改善ポイント③ 単元で育成を目指す資質・能力に適した言語活動

グループごとに、どちらかのお話を選び音読劇をする。登場人物の会話や行動をもとに、せりふを加え音読劇にすることで、正しく、イメージ豊かにとらえられるようにしていく。

3　授業イメージ

1　本時（第３時）の目標

登場人物の順序に着目し、その表現効果を考えることができる。

2　授業改善のポイント

登場人物の順序が大きなものから順に登場してくることに気付かせたい。登場人物の挿絵を黒板に貼り、お話の順に並べたり、挿絵を補完させたりして順序に着目させていく。

「～を～がひっぱって」の繰り返しに着目し、別の訳では「～が～をひっぱって」と登場人物の順序が逆になっていることに気付けるようにする。また、その違いがどんな効果を生んでいるかについても考えられるようにしたい。

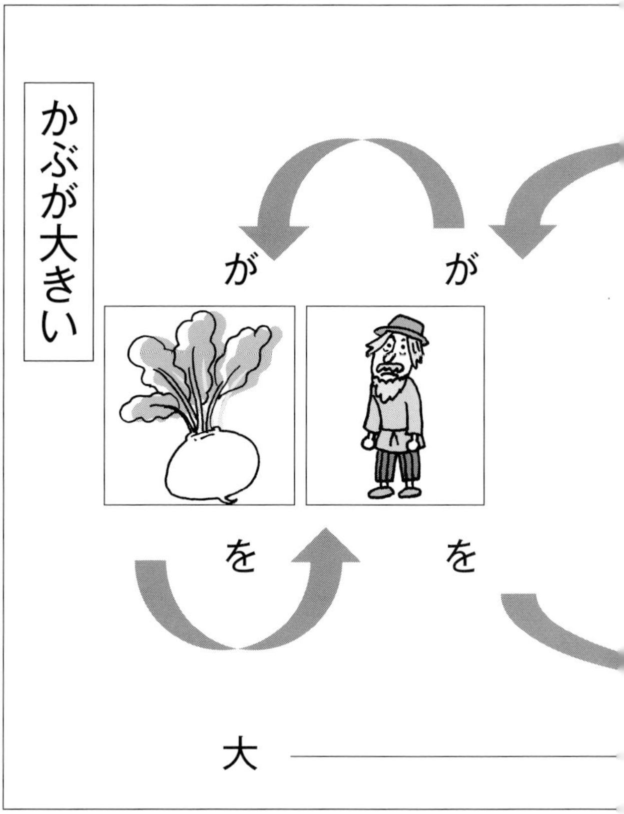

3　授業の流れ

1　登場人物の順番を確認する

どんな順番で登場人物が出てきたかな。

登場人物の挿絵を用意し、「どんな順番に登場人物が出てきたかな」と問うことで、お話の順に黒板に挿絵を貼りながら確認していく。挿絵をあえて減らしておいて、何が足りないかを補いながら、子どもたちと順序を確認していく。

2　なぜこの順番なのか考える

(1) なぜ、登場人物はこの順番になっているのだろう。
(2) だれのおかげでかぶは抜けたのかな。

登場人物を確認する中で、「なぜこの順番になっているのか」と問うことで、子どもたちは、大きなものから順に登場していることに気付いていく。そして、「だれのおかげでかぶは抜けたのか」を問うことで、ねずみという小さな存在の大きな役割と、みんなの協力のおかげで抜けたということを押さえたい。

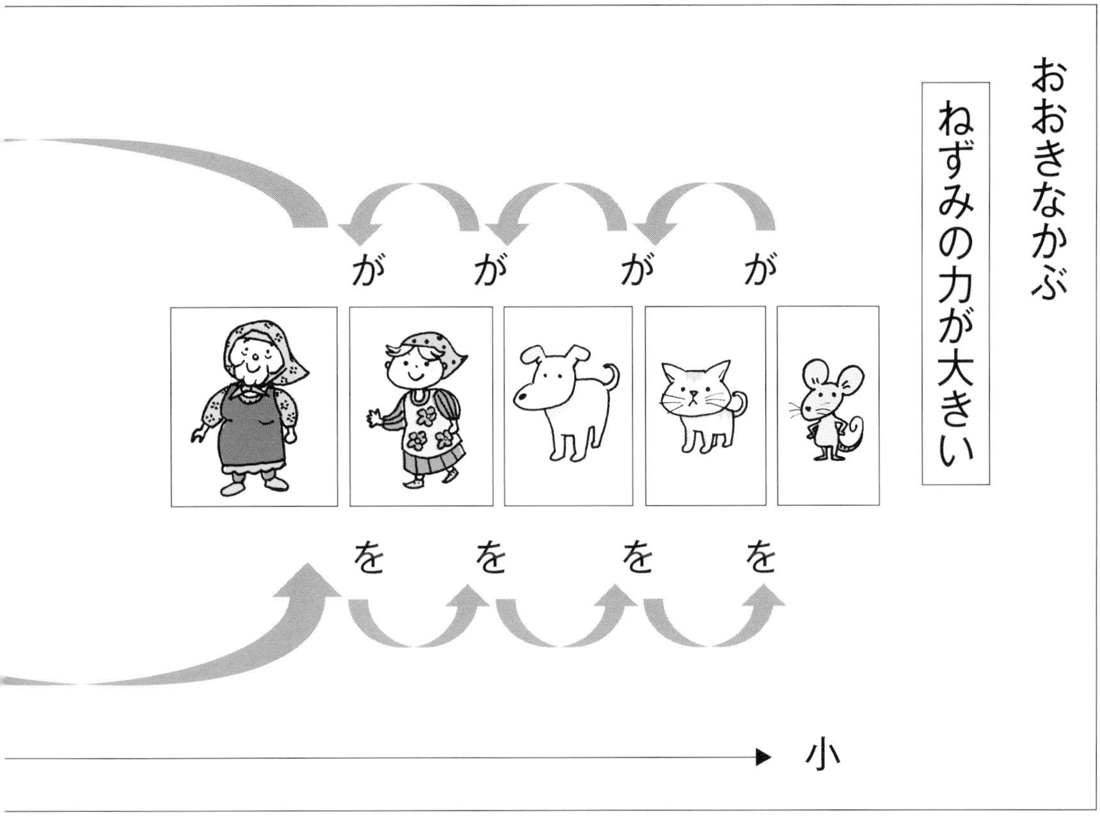

3 2つの訳の違いに気付く

> ２つの訳では、どんな違いがあるかな。

西郷竹彦訳と内田莉莎子訳とを比べ、「～を～がひっぱって」の繰り返しと、「～が～をひっぱって」の繰り返しに着目する。誰が誰を引っ張り、だれに引っ張られているか、主語述語の関係を押さえ、かぶを抜く際の行動描写の説明の順序が逆になっていることに気付かせる。

4 何が強調されているか考える

> 最後に出てくるのが「かぶ」だとどんな「かぶ」かな。
> 最後に出てくるのが「ねずみ」だとどんな「ねずみ」かな。

繰り返しの最後にねずみが出てくることで、力が強い順番に引っ張っても抜けなかったものが、力が一番弱いものが加わることで抜けたというおもしろさを感じられるようにする。また、最後にかぶが登場する内田訳では、かぶの大きさが強調されることを図に表しながら確認していく。

1年

たぬきの　糸車（光村図書）

相模女子大学小学部　藤平剛士

私の授業改善プラン

　子どもの学びを深めるには、「読みの見える化」が有効である。この「読みの見える化」は、子ども自らが学びの目的をもてる方法と効果があると考えている。また、この方法を授業に取り入れることで、教材のねらいをとらえていく授業デザインが組みやすくなる。以下、５つの目的ごとの「見える化」の方法とポイントを紹介する。

〈文学教材〉見える化の５つの目的と効果

①「構造」を見える化して「つながり」を読む

　物語を「はじめ・なか・おわり」の「構造」で見える化することで全体像を整理し、表で読むことなどを通して、場面や出来事の「つながり」を捉えることを目的とする読みの方法である。この読みには、物語の展開をとらえやすくする効果がある。

②「設定」を見える化して「人物関係」を読む

「いつ・どこで・だれが」といった「設定」を見える化して人物関係図などに整理し、特に中心人物と対人物の「人物関係」をとらえることを目的とする読みの方法である。この読みには、出来事の因果関係をとらえやすくする効果がある。設定は、子どもたちが読み飛ばしがちの内容でもあるので大切にしたい。

③「会話・描写」を見える化して「心情」を読む

　アニマシオンゲームなどを用いて「会話や描写」を見える化することで、人物の「心情」を捉えることを目的とする読みの方法である。この読みには、「心情」を読むために、本文のどの会話文や描写を選択・判断して「見える化」していくかが大切であり、心情変化のきっかけをとらえやすくする効果がある。

④「違い」を見える化して「しかけ」を読む

　この「しかけ」は、多くの場合、「違い」を通して読み取ることができる。色や描写の違い、繰り返しや視点の違いなどを比べることで、物語をおもしろくしている「しかけ」をとらえることを目的とする読みの方法である。この読みには、子どもが「問い」をもちやすくする効果がある。

⑤「変容」を見える化して「主題」を読む

　中心人物と出来事を整理し「変容」を心情曲線などで見える化することで「主題」をとらえることを目的とする読みの方法である。この読みには、教材から読み取った価値を考えるきっかけとする効果がある。

1　教材分析

1　育てたい資質・能力

1年生の文学では、読みの授業を通して、子どもたちの読書の広がりを促していくことを大切にしたい。そのために、何となく読んでいた物語を、場面の様子と登場人物の行動や台詞とつなげて読むことで、お話のおもしろいところやすきなところが見つけられるようにしていきたい。

本教材は、子どもたちには昔話のジャンルとして認識されている民話である。入学前から読み聞かせなどで数多く耳にしてきた昔話を、本単元では、紙芝居にして自分で読み聞かせる活動を取り入れたい。1年間、音読を学習の中心として行い、豊かな読みを育んできたまとめの単元になるとも考えている。また、文学の読みの基礎となる人物関係や場面など「設定」についての読みが内容をとらえるために大切なことも学びたい。

2　本教材の特性

1年生で扱う文学教材は、6教材ある。教材の特性をとらえるときに大切にしたいことは、1年間で扱うそれぞれの教材の特性を、横の系統でとらえることである。この横の系統性を踏まえた上で、本教材の価値をとらえ、授業化することが大切である。各教材に共通している特性は、「声に出して読む」「登場人物の行動を中心に読む」の2点といえる。

一つ目の特性である「声に出して読む」は、本教材も「キークルクル」と糸車の回る音（擬音）や「くるりくるり」という擬態語が使われ、音読をすることで、リズミカルでどこか楽しい効果を感じやすい。

次に「登場人物の行動を中心に読む」については、「おおきなかぶ」や「くじらぐも」と同様に、登場人物である「おかみさんとたぬき」の互いの思いを読み取りやすい行動描写で描かれている。また、挿絵を活用することで、場面ごとのおかみさんとたぬきの関係をとらえる学習もしやすい。子どもたちも、「たぬきがおかみさんの糸をつむいだ恩返しのお話だね」と自然に声を出したくなる話である。

3　単元化のポイント

本教材は、場面ごとに登場人物の行動のつながりを踏まえて読み取ることが重要になる。そこで、「読みの見える化」の「構造とつながり」と「設定と人物関係」の二つを用いた単元計画がポイントになる。「たぬきの糸車」を、子どもたちと「表で読む」活動を通して、場面ごとに登場人物の行動を関連付け、内言を想像しながら交流させるように促していきたい。場面ごとの特徴を整理することでつながりを読み取りやすくし、子どもの「そうか、わかった」という声が聞こえてくる授業を目指したい。また、音読活動については、相手意識をもって取り組ませたい。そこで、教科書の挿絵を活用した紙芝居づくりを通して、場面ごとの読みの学習と自分事としての音読活動の二つを軸にした授業を目指したい。

2　単元構想（全８時間）

単元名

登場人物の気持ちを考えながら場面をとらえ、物語を声に出してよもう

単元計画

○数字は字数

一次	二次	
①・②挿絵の順番を考えよう （学習課題を確認し、見通しをもつ）	③～⑤季節や出来事の変化を読み、挿絵の順番を考えよう	
○教材名「たぬきの糸車」から、どんな文章かを考える。 ○教師の範読を聞いて、「挿絵の並び替え」を考える。 ○答えを見つけながら、学習を進めていくことを押さえる。 ○授業で使用した挿絵を使った「紙芝居づくり」の学習活動をすることを知り、学習の見通しをもつ。	○それぞれの場面の挿絵と、たぬきとおかみさんの行動や気持ちを整理する。 ・きこりが住んでいる山奥の一軒家 ・糸をつむぐまねをするたぬき ・わなにかかったたぬき ・春になり糸車を回すたぬき ・踊りながら帰っていくたぬき **改善ポイント①**	

単元の概要

「たぬきの糸車」は、物語の展開が明解である。まず、「はじめ」には「むかし、ある山おくに…わなをしかけました。」という物語の設定が描かれている。次に「なか」では「おかみさん」と「たぬき」との交流が出来事として描かれ、最後に「たぬきの恩返し」という結末が描かれている。このように物語は大きく三つのまとまりに分かれ、それぞれが役割をもってつながっていることをとらえやすい教材となっている。また、登場人物である「おかみさん」と「たぬき」の行動描写が中心となった文章であり、人物の行動から場面の様子をとらえるのにも適した教材と言える。そして、「キークルクル」という糸車の回る音（擬音）や「くるりくるり」という擬態後など、音読をすることで言葉のおもしろさを実感することができる。

そこで、「場面を捉えた紙芝居づくり」と「音読」の二つを単元の軸としたい。まず、場面をとらえた紙芝居づくりは、教科書の挿絵を用いたアニマシオンで物語の全体を押さえた上で、季節や出来事の変化から場面をとらえていく。そして、学習した場面と挿絵を用いて紙芝居づくりを行い、自分の作成した紙芝居を使って音読をする。教科書を読むという音読から、自作の紙芝居での音読にすることで、自分事として取り組む主体的な姿勢に期待がもてる。作品と共に紙芝居づくりという学習活動のおもしろさを感じながらの単元を目指したい。

目標

〈知識及び技能〉語のまとまりや言葉の響きなどに気をつけて音読することができる。
〈思考力、判断力、表現力等〉場面の様子や登場人物の行動など、内容の大体を捉えることができる。
〈学びに向かう力、人間性等〉登場人物の気持ちを考えながら、工夫して音読することができる。

評価規準

〈知識・技能〉語のまとまりや言葉の響きなどに気をつけて音読している。((1) ク)
〈思考・判断・表現〉「読むこと」において、場面の様子や登場人物の行動など、内容の大体を捉えている。(C (1) ウ)
〈主体的に学習に取り組む態度〉これまでの学習を生かし、場面の様子に進んで着目し、音読しようとしている。

		三次
	⑥物語を三つのまとまりに分けよう　【本時】	⑦・⑧紙芝居を作って読み聞かせをしよう
	○物語を三つのまとまりに分けると、次のどれになるか考え、意見を交流する。 １：はじめ①　なか②〜⑥　おわり⑦〜⑬ ２：はじめ①　なか②〜⑦　おわり⑧〜⑬ ３：はじめ①　なか②〜⑧　おわり⑨〜⑬ ○「いつ・どこで・だれが」を基準に、「はじめ・なか・おわり」のまとまり（場面）に分け、つながりを読み取りながら、どのような役割をしているのかを考える。**改善ポイント②**	○挿絵と本文を組み合わせて、紙芝居にする。 ②紙芝居を読み聞かせ、交流する。

授業改善のポイント

改善ポイント①　「『設定』を見える化して『人物関係』」を読む

本教材では、おかみさんとたぬきという二人の「人物関係」を捉えた読みが大切になる。そのためには、「設定」を見える化することが有効である。その上で、読み取った気持ちの変化を、想像力を豊かに楽しみながら交流させたい。そこで、教科書の挿絵を用いてアニマシオンで物語全体をとらえさせたい。

改善ポイント②　「『構造』を見える化して『つながり』」を読む

本教材は、季節や出来事の変化をもとに、「はじめ・なか・おわり」の構造を見える化することで場面分けをとらえやすい。その上で、場面の「つながり」が、登場人物の関係や変化を促していることに気付かせたい。そこで、まず「物語を三つに分けてみよう」という課題で授業を始める。すると「時」「季節」「出来事」など注目するものによって分け方にズレが生じる。そこで「表で読む」活動を通して、それぞれの場面を整理していきたい。また、場面の役割と効果についても考えるきっかけとなる授業であることも、改善のポイントとしておきたい。この授業が、文学教材の読みの土台となる第一歩になることを目指したい。

3　授業イメージ

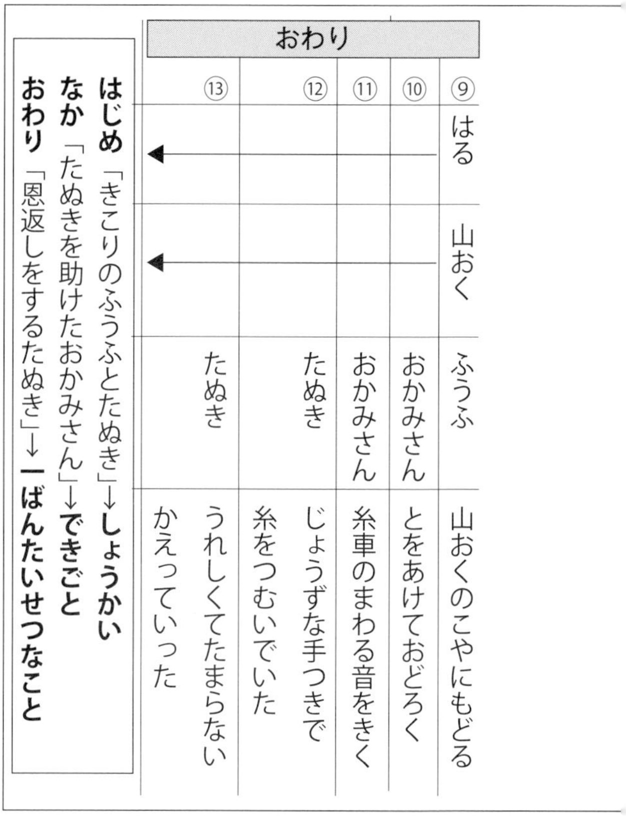
おわり
⑨
はる
山おく
ふうふ
山おくのこやにもどる
⑩
おかみさん
とをあけておどろく
⑪
おかみさん
糸車のまわる音をきく
⑫
たぬき
じょうずな手つきで
糸をつむいでいた
⑬
たぬき
うれしくてたまらない
かえっていった
はじめ「きこりのふうふとたぬき」↓しょうかい
なか「たぬきを助けたおかみさん」↓できごと
おわり「恩返しをするたぬき」↓一ばんたいせつなこと

1　本時（第６時）の目標

物語を「出来事」をもとに、三つのまとまりに分けることができる。

2　授業改善のポイント

「物語を三つのまとまりと五つの場面に分けよう」

「構造」を見える化して「つながり」を読む。本時では、前時までに読み取った「設定」を生かした「場面分け」を行いたい。本時でカギになるのが８段落の扱いである。季節「冬」、場所「村」となるのが、この８段落だけだからである。そのため、この問いに対しては、子どもたちの考えにはズレが生まれ、出来事から場面分けをする必要に迫られる。本時を通して、場面の効果をとらえる力の育成を目指したい。

3　授業の流れ

1　設定（既習事項）を確認する

「いつ・どこ・だれ」が何をしたお話ですか。

前時の授業を振り返り、「いつ」「どこ」「だれ」のお話かを13段落の分かれ目と合わせて確認する。

教科書の挿絵も合わせて確認すると、読みを共有しやすくなる。

[子どもの発言]

・「むかし」「ある日」「あるばん」「冬」「春」
・「おかみさん」と「たぬき」のお話
・「ふうふ」には「おかみさん」が入る
・山おくの「一けんや」と「こや」は同じ

2　物語を３つに分ける

物語を「3つ」の場面に分けると、どこで分かれるでしょうか。

１段落を「はじめ」とすることを確認する。三つの選択肢を示して、各自の意見を挙手させる。意見を交流するなかで、中とおわりの分かれ目で、考えにズレがあることを共有する。

[選択肢]

1 はじめ①　なか②～⑥　おわり⑦～⑬
2 はじめ①　なか②～⑦　おわり⑧～⑬
3 はじめ①　なか②～⑧　おわり⑨～⑬

たぬきの糸車　きしなみ

おはなしを三つにわけよう。

いつ　むかし　ある日
あるばん　ふゆ　はる
どこ　山おく　むら
だれ　きこりのふうふ
＝おかみさん
たぬき

1　はじめ①　なか②～⑥　おわり⑦～⑬
2　はじめ①　なか②～⑦　おわり⑧～⑬
3　はじめ①　なか②～⑧　おわり⑨～⑬

	段落	いつ	どこ	だれが	どうした
はじめ	①	むかし	山おく 一けんや	ふうふ たぬき	わなをしかけた まいばん いたずら
なか	②	ある日		おかみさん	糸車をまわして 糸をつむいだ
	③			くりくり した目玉	おかみさんのことを のぞいている
	④			たぬき	糸車をまわすまね
	⑤			おかみさん	糸車をまわしていた
	⑥			たぬき	糸車をまわすまね
	⑦	あるばん		たぬき おかみさん	わなにかかってしまった たぬきをにがしてやった
	⑧	ふゆ	村	ふうふ	村へ下りていきました

3　出来事に着目して物語を分ける

3つにわけるとき、何に注目するとよいか考えてみよう。

「構造」を見える化するために、「いつ・どこ・だれ・どうした」に整理する。矢印や色分けで、つながりを意識させる。8段落だけ、「冬」「村」とつながっていないことを確認する。「出来事」に着目することで、8段落までは「わなにかかったたぬきを助けたおかみさん」のことが描かれ、9段落からは「たぬきの恩返し」について描かれていることが読める。そこで、「はじめ①　なか②～⑧　おわり⑨～⑬」となる。

4　場面の役割について考える

「はじめ・なか・おわり」には、どんなことが書いてありますか？

「出来事」によって場面分けすることを学ぶことで、場面の役割を考えさせる。

[子どもの声]

・はじめ「きこりのふうふとたぬき」の紹介
・なか「たぬきを助けたおかみさん」
・おわり「恩返しをするたぬき」

[場面の役割]

「はじめ」登場人物の紹介や場面の説明
「なか」中心となる出来事や事件
「おわり」物語の一番大切なことや結末

1年

やくそく（光村図書）

山梨大学教育学部附属小学校　髙橋達哉

私の授業改善プラン

「教えたいこと」を「学びたいこと」へ

吉本均（1989）の言葉に、「発問の役割は、教師が教えたいことを、子どもが学びたいことに転化することである」というものがある。私は、この発想こそが、授業改善の大きなポイントだと考えている。

国語授業において、私たち教師に求められるのは、「指導内容」を明確にした上で、子どもたちが意欲的に学習に取り組むことができるような手立てを考えることである。「指導内容」というのは、学習指導要領に示された指導事項をはじめ、国語科で指導すべき汎用的な言葉の力のことであり、その「指導内容」が、いわば、教師が「教えたいこと」である。

吉本が示唆するのは、教師が教えたいことを、そのまま教える授業ではなく、教師が「教えたいこと」を、子どもたちが「学びたい」と感じるような授業にすべきだと」だとにするいうことである。さらにそして、元来、その役割を果たすのが「発問」だと指摘しているのである。しかしながら、国語授業における一般的な発問が、必ずしも、その役割を果たしているとは言えないのが実情である。

そこで本稿では、子どもたちの「学びたい」「考えてみたい」「話し合ってみたい」という思いを引き出す発問の工夫として、以下の二つを提案する。

【発問の工夫①】「判断を促す発問」

「がまくんが一番うれしかったのは、どの場面だと思いますか」（「お手紙」）、「2場面の中で、大造じいさんのやる気や自信が最も伝わってくるのはどの一文ですか」（「大造じいさんとガン」）のように、いくつかの選択肢（場面、文など）の中から、自分なりに判断して考えをもたせるような発問が、「判断を促す発問」である。

「私は、②の場面だと思います。理由は…。」のように、選択肢の中から自分の考えを決め、自分なりにその理由付けをすることで、考えの形成と表現ができることから、比較的考え易い発問形式であると言えるだろう。またその際、「誰がどの選択肢を選んだか」を、挙手や、ネームマグネット等で「見える化」することで、自分とは異なる立場の友達の存在を知り、話し合いへの意欲を引き出すことができると考えている。

【発問の工夫②】「もしも発問」

「もしも、最後の一文が『白いけむりが、まだつつ口から細く出ていました。』だったら…？」（「ごんぎつね」）のように、教材の「内容」や「表現」の一部を取り上げ、実際の文章とは異なる場合を仮定する発問が、「もしも発問」である。

「もしも発問」には、以下の五つの方法があると考えられる。

①「ある」ものを「ない」と仮定する方法（もしも、〇〇がなかったとしたら？）
②「ない」ものを「ある」と仮定する方法（もしも、〇〇があったとしたら？）
③別のものを仮定する方法（もしも、〇〇が◇◇だったとしたら？）
④入れ替えを仮定する方法（もしも、〇〇と◇◇が入れ替わっていたとしたら？）
⑤解釈を仮定する方法（もしも、〇〇と考えたとしたら？）

＊詳しくは、拙著『「もしも発問」の国語授業』（東洋館出版社）を参照いただきたい。

同じ教材文を繰り返し読んでいる子どもたちにとって、「もしも、〇〇だったら…？」と別の場合を仮定する行為は、非常に新鮮で、刺激的な行為である。「もしも発問」は、活発な思考を促し、「発言したい！」という思いを引き出すことができる発問方法である。

1　教材分析

1　育てたい資質・能力

「言ったことの文」（会話文）や「したことの文」（行動描写）をもとに、場面の様子や人物の行動などの大体を捉え、心情や行動を具体的に想像する力

2　本教材の特性

シンプルな会話のやり取りで話が展開されるため、「誰が、何を言ったり、したりしたか」を捉えることを学ぶのに適した教材である。一方で、「あおむし」という同じ名前の人物が３匹登場したり、誰が言ったかが省略されている部分があったりするなど、「誰が」を捉えるのが難しい部分もある。

3　単元化のポイント

「学びの必然性」を生む授業デザイン

「声に出して読んで、お話を楽しむ」という三次の活動を意識することで、子どもたちにとって、二次の学習が必然性のあるものになる。すなわち、登場人物になりきって音読をするためには、「どんな登場人物が出てきたか」を確認する必要があり、役割分担をして音読するには、「作品中のそれぞれの会話文は、誰が言ったことか」を整理しておく必要があるのである。このように、単元化においては、二次における学習を行う意義を、三次との関係の中で明確化し、子どもたちにもそれが意識できるようにすることで、主体的な学びを促すことが大切である。

さらに、二次においては、「判断を促す発問」によって、子ども相互の考えの「ずれ」を引き出すこと、そして、「もしも発問」によって、ねらいとして設定した指導内容を着実に押さえることを意識している。「ズレ」があるからこそ、立場の異なる友達と意見を交わす必然性が生まれると考えるからであり、国語授業であるからには、それぞれの一単位時間においても、国語科の指導内容が位置づけられているべきだと考える。

2　単元構想（全８時間）

単元名

おはなしをたのしもう

【単元計画】

○数字は時数

一次	二次			
①どんなお話だろう	②このお話には、誰が出てきたか、たしかめよう	③誰が言った文か、たしかめよう	④誰が言った文か、たしかめよう	
○「やくそく」という題名をもとに、どんなお話か想像したことを伝え合う。 ○声に出して読んで楽しむことができるようにする、という単元の見通しをもつ。 ○教師の範読を聞き、感想を交流する。	○登場人物を確認する。「あおむし」「おおきな木」「木のは」「うみ」「こかぜさち」「くろいけん」などの選択肢を用意し、登場人物と言えるのはどれか話し合う。 **改善ポイント①**	○「言ったことの文」「したことの文」などの既習事項を振り返る。 ○全てに「と、〇〇が言いました」と書かれていた方がいいのではないかということについて話し合う。 **改善ポイント②**	○前時で扱った部分以降の会話文について、誰が言ったことかを話し合う。 ○「自称表現」(ここでは、二匹目のあおむしの「わたし」)で確認できるもの以外は、確定できないことに気付く。 **改善ポイント①**	

単元の概要

文学的な文章を読む上で必要な基礎的な事柄を学ぶ単元である。

まず、第１時で「題名」、第２時では「登場人物」や「作者」などの用語について、「題名読み」や「誰が出てきたかについての話し合い」などの言語活動を通して指導する。

また、登場人物の心情を読み取る上で欠かせないのが、「言ったことの文」（会話文）や「したことの文」（行動描写）をとらえる技能である。入門期においては、「誰が言ったことか」「誰がしたことか」の理解が難しい場合もあるため、第３時や第４時では、「誰が」の確認を丁寧に行うとともに、「誰が」を考える際には、その会話文の前後の表現が手がかりになるという読み方についても理解を促している。さらに、第５時では、「登場人物の前向きな感情でお話が終わっていること」をとらえさせるとともに、中学年で学習する「情景」に関わる表現を取り上げ、その表現の効果を１年生なりに解釈させることを試みている。

第６次以降は、お話の世界を楽しく味わわせることを意図した活動となっている。

目標

〈知識及び技能〉語のまとまりや言葉の響きなどに気を付けて音読することができる。
〈思考力、判断力、表現力等〉
・場面の様子や登場人物の行動など、内容の大体を捉えることができる。
・場面の様子に着目し、登場人物の行動を具体的に想像することができる。
〈学びに向かう力、人間性等〉物語を楽しみ、登場人物の行動をたしかめながら、役割読みをしようとすることができる。

評価規準

〈知識・技能〉語のまとまりや言葉の響きなどに気をつけて音読している。((1) ク)
〈思考・判断・表現〉
・「読むこと」において、場面の様子や登場人物の行動など、内容の大体を捉えている。(C (1) イ)
・「読むこと」において、場面の様子に着目して、登場人物の行動を具体的に想像している。(C (1) エ)
〈主体的に学習に取り組む態度〉物語を楽しみ、登場人物の行動をたしかめながら、役割読みをしようとしている。

			三次
	⑤「もしも、最後の一文がなかったとしたら？」を考えよう【本時】	⑥「もしも、お話に続きがあったとしたら？」を考えよう	⑦・⑧登場人物の気持ちになりきって音読をしよう
	○お話がどんな結末だったかについて話し合う。 ○「木のはが、さらさら　そよいで　います。」という最後の一文の効果について話し合う。 改善ポイント②	○お話に続きがあったとしたら、どんな内容になるかを想像して考え、伝え合う。 ○次時以降で音読を行うことを知り、特に音読してみたい一文を選ぶ。	○音読してみたい一文とその理由を伝え合う。 ○グループごとに、音読する場面を決め、登場人物になりきって音読を行う。 ○各グループの音読を聞き合い、お互いに感想を伝え合う。

授業改善のポイント

改善ポイント①　判断を促す発問

第二次の多くの時間において、「判断を促す発問」による授業を行っている。例えば第2時では、「あおむし」「おおきな木」などの正しい選択肢の他に、「うみ」や「こかぜさち」などの誤った選択肢を用意しておき、「このお話にはだれが出てきましたか。黒板に掲示したこれらの中から選びましょう」のような発問で授業を展開している。互いの判断を意欲的に話し合わせる中で、「登場人物の定義」について、1年生なりの言葉で整理することができる。

改善ポイント②　もしも発問

第3時では、「『ない』ものを『ある』と考える」という仮定の方法、第5時では、「『ある』ものを『ない』と考える」という仮定の方法による「もしも発問」を行っている。仮定した部分がもともとの文章に、「ないことの意味」(第3時) や「あることの意味」(第5時) を考えさせることが、解釈に終始せず、指導内容を明確化する上で非常に重要である。

3　授業イメージ

⑤そして、くんねり　くんねり
おりて　いきました。

⑥木のはが、さらさら
そよいで　います。

→なくてもいい？
これでもいい？→

⑥木のはが、ばさばさ
かぜにゆれて　います。

◎かぜの　ふきかたも、いいおわりかたに
ぴったりな　かんじになっている。

1　本時（第５時）の目標

・作品の結末を読み取るとともに、最後の一文の表現の効果について話し合うことができる。

2　授業改善のポイント

まず、作品の結末が前向きな印象であることを共有した上で、提示した①から⑤のどの部分を根拠にして考えたかを伝え合う活動を行う。

次に、⑥の文を提示して「必要ないのでは？」とゆさぶることで、情景表現の効果について考えることを促している。

3　授業の流れ

1　作品の終わり方を確認する

このお話は、
どんな終わり方だったかな？

作品の結末について、「いいおわりかた」だと思うか、それとも「よくないおわりかた」だと思うか、二つから選択させて理由を交流する。終わりの部分には、登場人物の前向きな言葉が多く見られることから、ほとんどの子供が、「いいおわりかた」を選択すると考えられる。

2　学習課題の提示

いい終わり方だと思うのは、
次の①～⑤のどこからかな？

①から⑤の会話文や地の文を提示し、「いい終わり方だなと思うのは、特にどの文かな？」と問い、「いいおわりかた」だと考える根拠となる一文を選ばせる（挙手を促し、それぞれの文を何人の子が選んだかを板書してもよい）。

この時点では、あえて⑥の文は提示せず、子供から、「先生、他にもまだ文があります」という声が挙がったところで、提示するようにする。

やくそく

こかぜ　さち

このおはなしのおわりかたは…

いいおわりかた　３４にん

よくないおわりかた　０にん

いいおわりかただと おもったのは どこから？

①「きれいだね。
からだが　ちょうに
かわったら、あそこまで
とんで　みたいな。」

②「わたしも、あそこまで
とんで　みたい。」

③「それなら、みんなで
いこう。」

④さんびきのあおむしは、
やくそくを　しました。

3　もしも発問の提示

もしも、⑥の文が別の文だったとしたら？

⑥の文を提示し。「この文は、『いいおわりかた』には、あまり関係ないよね」とゆさぶる。その上で、「もしも、この文だったとしたら、どうかな？」と、「木のはが、ばさばさ、かぜにゆれています。」という一文を提示する。

元の文と、教師が提示した文、それぞれから受ける印象について話し合いを行う。元の文の方が、作品の結末にぴったり合っていることを確かめる。

4　学習内容の確認

最後の一文も、いい終わり方に合わせた文になっているね。

本時の学習を振り返り、「いいおわりかた」だと思う部分は、人それぞれ異なっていること、そして、最後の一文の「風が吹く様子」についても、作品の結末の雰囲気とぴったり合うものになっているということを確認する。

２年

スイミー（光村図書・学校図書）

神奈川県・川崎市立はるひ野小中学校　土居正博

私の授業改善プラン

1　登場人物に思う存分同化させて、物語の世界を楽しませる

低学年には登場人物に同化した主観的な読みを思う存分させ、物語の世界を楽しませたいと考える。教科書の学習の手引きには例として次のような文章が挙げられている。「スイミーたちは、力をあわせて、大きな魚をおい出しました。このお話を読んで、みんなで力をあわせると、なんでもできるんだと思いました。」という文である。このような感想は、主にあらすじの把握から出てくるものだろう。しかし、このような「力を合わせて、大きな魚を追い出す」というあらすじをとらえること自体は難しくなく、多くの子が初読から掴めることが予想される。

低学年の子どもの読みは、基本的には登場人物（主に中心人物）に同化した読みである。登場人物がどの場面でどのようなことを考え、どのような心情になったのかを考えたり、物語の世界に浸って楽しんだりすることを重視したい。そこでスイミーの絵日記をかく活動を取り入れる。その過程を経ることで、物語全体への感想も表層的なあらすじへの感想から、自分が最も心に残った場面の感想などへと変化し、内容も深まることを期待したい。本単元においては、あらすじをとらえた上でスイミーと思いきり同化させ、子どもたちが物語の世界を楽しめるようにすることで授業をさらに充実したものにしていきたい。

2　空所を想像することを楽しませる

特に低学年教材は文章量が少ないため、詳しく語られるべきところが語られない「空所」が多く出来ている。「読むこと」の授業では、叙述をよく読み言葉一つ一つを吟味することが優先されがちである。これは、本文から離れすぎてただ空想を語り合う授業にならないため非常に有効なことではある。しかし、それが目的化して物語を楽しむということを忘れた授業にはしたくない。そこで本単元では、あらすじをとらえた上で空所を想像する学習を取り入れたい。しかし、本来叙述をもとにしながら空所を埋める読みは高度であり、低学年にはあまり向かないと思われる。難しくて想像もつかないか、独りよがりな空想に走ってしまうことが多い。そこで、空所を扱う際に工夫を凝らしていきたい。まず、扱う空所を限定する。説明をつけることができない、「埋められない空所」も存在しているからである。そのような空所も含めて想像させてしまうと、たちまち授業は空想を語り合うだけになってしまう。低学年であることも鑑みると授業者が意図的に避けるべきである。また、空所の想像の仕方については、本教材が元々は絵の豊富に使われた絵本であることも踏まえて、言葉だけでなく絵でも想像し表現できる（絵日記）ように指導構想する。

1　教材分析

1　育てたい資質・能力

本単元で育てたい資質・能力は、あらすじを的確につかむ力とそれを踏まえて想像を豊かに膨らませ物語の世界に浸り、楽しもうとする力である。あらすじをとらえる力は、今後どのような物語を読んでも使える汎用的な能力である。大人になれば基本的には物語は一度しか読まないため、子どもたちに指導する際も初読を大切にし、初読であらすじを掴めるように指導していきたい。もちろん初読だけでなく、物語の設定や出来事を読み取り整理していく活動を通しても培っていく。また､物語を読む楽しさを存分に味わわせたい。そのためには実際に物語を楽しむ体験を通して、その楽しみ方や楽しもうとする姿勢について指導していく必要がある｡読み取ることと楽しませることとのバランスを意識しつつ、子どもたちの物語を読む資質・能力を育てていきたい。

2　本教材の特性

本教材は、オランダ人絵本作家レオ・レオニ作の絵本である。赤い魚の群れの中で一匹だけ黒い魚であるスイミーが、恐ろしいまぐろによって仲間を食べられてしまい一人ぼっちになってしまうが、海を自由に泳ぎ回るうちに様々な面白いものを見ることで元気を取り戻し、ある日出会った小さな魚の兄弟たちと協力して一緒に大きな魚を追い出すという物語である。元は絵本ということもあり、挿絵が多く用いられているが、それでもかなり絵本と比べると省かれている。特に省かれている場面は、仲間を食べられてしまったスイミーが、海にあったすばらしいものを見て元気を取り戻していく場面である。教科書では挿絵が二枚しかない。しかし、この場面はスイミーが元気を取り戻していき、最終的に大きな魚を追い出すに至る上で非常に重要な場面である。スイミーが元気を取り戻すくらい素晴らしい生き物たちはどのような様子だったのか、子どもたちの想像を膨らませていきたい。

3　単元化のポイント

「主体的・対話的で深い学び」を実現させる授業デザイン

本単元においては、空所となる部分について想像を膨らませ、物語の世界を楽しむ活動を中心に据えたい。書いてあることから書かれていないことを想像する際、子どもは自然と主体的になれるはずである。まずは物語の設定や出来事などを叙述にもとづいて確認することで、確実にあらすじを押さえていく。物語の内容を掴めていなければ、ただの空想になってしまうからである。また、自らすすんで想像を膨らませてスイミーの絵日記として表現した後は、自然とそれを友達と共有したくなるはずである。十分自分の想像を膨らませてから、対話などを通じて共有することで、対話の質を高めることができ、新たな気付きや想像の広がりや深まりのある学習となるだろう。

2　単元構想（全９時間）

単元名

あらすじをとらえ、想像を広げて物語の世界を楽しもう

単元計画

○数字は時数

一次	二次	
①・②物語の大体をつかもう	③～⑤スイミーの気持ちはどう変わったか考えよう	
○通読し、どんな話だったかを一文でまとめてみる。 （「～～が○○して××になったお話」） ○簡単に初発の感想をまとめ、共有する。 ○物語の設定や主な出来事について確認する。	○主に一場面を読み、スイミーの人物像をつかむ（どのような特徴があるのか、どのような性格なのかなど）。 ○スイミーの心情を、叙述に即して読み取り、話し合う。 ○スイミーの心情の変化を考えながら、おそろしいまぐろがやってきた日（二場面）と大きな魚を追い出した日（五場面）のスイミーの絵日記をかく。 ○スイミーが大きく変化したことを押さえ、そのきっかけとなった「すばらしいもの」との出会い（三場面）に目を向ける。	

単元の概要

本単元では、まず初読であらすじをとらえられるよう、初読後に物語を一文で表現してみる活動を設定する。そうすることで、初読に緊張感が生まれて子どもたちの意識が高まり、初読からある程度あらすじを掴むことができる。また、表現した一文を比較することで子どもたち一人ひとりの読みの違いも掴むことができる。その後、中心人物であるスイミーの心情について読み取る。比較的中心人物の心情の変化は読み取りやすい文章なので、子どもたちはスイミーに同化しながらとらえることができるだろう。物語の初めと終わりとでスイミーが大きく変化していることを叙述にもとづきながら押さえたい。あらすじとスイミーの変化を押さえることは、その次の活動の基礎となるので、しっかり押さえたい。そして、スイミーに同化しながら読み取った二場面と五場面でのスイミーの心情を絵日記に表現させる。二年生という発達段階にぴったりな表現方法である。その後、スイミーが元気を取り戻すきっかけになった「海のすばらしいもの」（三場面）の様子などについて想像を膨らませる。そして、それぞれが想像を膨らませてかいた絵日記を見合うことで、さらに自分の想像を深めたり広げたりする。単元の終末では、学習してきたことをまとめつつ、物語を紹介する文章を書く。

目標

〈知識及び技能〉身近なことを表す語句の量を増し，語彙を豊かにすることができる。
〈思考力、判断力、表現力等〉場面の様子に着目して登場人物の行動を具体的に想像することができる。
〈学びに向かう力、人間性等〉粘り強く場面の様子に着目して登場人物の行動を想像し，学習課題に沿って物語を紹介する文章を書こうとする。

評価規準

〈知識・技能〉身近なことを表す語句の量を増し，語彙を豊かにしている。((1) オ)
〈思考・判断・表現〉「読むこと」において，場面の様子に着目して登場人物の行動を具体的に想像している。(C (1) エ)
〈主体的に学習に取り組む態度〉粘り強く場面の様子に着目して登場人物の行動を想像し，学習課題に沿って物語を紹介する文章を書こうとしている。

	二次		三次
	⑥・⑦海のすばらしいものたちを想像しよう	⑧想像してかいたものを見せ合おう【本時】	⑨物語を紹介する文章を書こう
	○スイミーが見付けた海の様々なすばらしいものは何であったか叙述から確認する。 ○素晴らしいものとの出会いによってスイミーが元気を取り戻していったことを押さえ、その意義深さを確かめる。 ○自分が想像を広げたい場面を選び、絵や文章で想像を広げ、スイミーの絵日記をかく。 改善ポイント①	○想像してかいた絵日記を見せ合う。 ○自分の想像とぴったりだったものを一つ選び、感想を書く。 ○自分の想像と大きく違ったものを一つ選び、感想を書く。 改善ポイント② ○書いた感想を発表し合う。	○これまでの学習を振り返る。 ○物語を紹介する文章を書く。 ○これまで書いてきた３枚の絵日記も活用しつつ、あらすじと一番想像を広げて楽しんだ場面を中心に文章にまとめる。 ○書いたものを読み合い、感想を発表し合う。

授業改善のポイント

改善ポイント① あらすじと共に空所の意義を確認しておく。

あらすじと中心人物の心情がどのように変化していったかを押さえた後、「すばらしいもの」との出会い（三場面）が空所になっているが、その場面がスイミーの心情が変化する上で重要だということを押さえる。そうすることで、次の想像を広げる活動で、全く文脈に沿っていない空想になってしまうのを防ぐことができる。

改善ポイント② 想像を広げ、絵日記をかく活動

登場人物（中心人物）に思う存分同化させ、空所に関して想像を広げていく。想像を広げる場面を限定したり、その場面の前後でのスイミーの変化を押さえたりすることで、想像しやすくし、交流もしやすくなる。また、図工の指導とも関連させ、絵での表現も用いた「スイミーの絵日記」として表現させ、想像を豊かに広げられるようにする。

改善ポイント③ 絵日記を見合う活動

それぞれがかいたスイミーの絵日記を見合う。その際、漠然と友達の絵日記を見るのではなく、自分の想像と似ているものや大きく違ったものを選ぶ、という観点をもたせる。見合った後は、それらについて感想を書き、自分の想像を深めたり広げたりする。

3　授業イメージ

1　本時（第８時）の目標

・想像してかいた絵日記を見せ合い、想像をさらに深めたり広げたりすることができる。

2　授業改善のポイント

本時の前までに、自分の選んだ場面について図工科の指導とも関連させつつ、絵と文章とで想像を広げ、スイミーの絵日記として表現している。本時では、自分たちがかいたものを見合い、さらに想像を深めたり広げたりできるようにしたい。そのためには、自分の想像と似ているものや反対に全く自分が想像していなかったものを意識的に見させる。

○友達のノートを見た感想
☆にていた！
・○○くんのかいたうなぎの長さ
・○○さんのかいたドロップみたいな岩のようす
・○○くんの
☆ちがっていた！
・○○さんの
・○○さんの
・○○くんの
★友達の想像したことを見たり聞いたりすると自分の想像も広がったり深まったりする。

3　授業の流れ

1　見合う活動の趣旨や流れを知る

今日まで、自分が選んだ海の「すばらしいもの」のことを絵日記に書いてきましたね。ところで、友達の絵日記を見てみたいですか？

これまでの学習で子どもたちは、スイミーの絵日記を物語の初めと終わりで一枚ずつ、そして「すばらしいもの」との出会いの場面で一枚の計３枚かいてきている。自然と「他の友達はどのようにかいているのかな」と見合ってみたいという気持ちが高まっているはずである。そこで、これまでの活動を振り返りつつ、「友達のかいたものも見てみたい？」と投げ掛ける。きっと「見たい！」という声がすぐ返ってくるはずである。その後、ここでは「すばらしいもの」との出会いの場面の一枚を見合うことや活動の趣旨、流れなどを丁寧に説明する。

2　見に行く子と説明する子に分かれて見合う活動を行う

自分がかいた絵日記は席においておき、友達の席に移動して見合いましょう。

見合う活動は、友達のかいた絵日記を見に行く子と自分のかいた絵日記について説明する子の半分ずつにクラスを分けて行う。そうすることで「この絵はどうしてこのようにかいたの？」とか「どうしてスイミーはこういうことを思ったと考えたの？」などと見に行く子の方が絵日記の絵や文章について疑問に思ったことを尋ね、自然と対話が生まれる。質問に答えようとすることでさらに自分の考えが整理されていく。その後見に行く子と説明する子を交代する。最後数分間は全員が絵日記を席に置き、自由に見回る時間をとってもよいだろう。

スイミー

レオ＝レオニ

◎絵日記をみんなで見合おう

○みんなの思い
↓他の友達の絵日記も見てみたい！
　しつもんもしてみたい！

○なぜ絵日記を読み合うの？
・友達の想像したことを知るため。
・自分も参考にするため。
・自分の想像力も高めるため。
　↓友達の想像したことも知って参考にしよう

○どうやって見合おうかな？
①自分の絵日記を自分の席におく
②見に行ってしつもんする。
③ノートに感想を書く
見に行く人↓1〜20番
せつめいする人↓21〜40番
　※時間がきたらこうたいします

3　自分の想像に近かったものと全く違ったものを選びノートに感想を書く

自分の想像に一番似ているなと思ったものと一番違ったなというものを選び、ノートに感想を書きましょう。

見合う活動を終えた後は、ノートに感想を書く。感想を書く際の観点は、自分の想像したことに近かったものと、反対に全く自分の想像と違っていたというものを一つずつ選ばせ、それについて書いていく。そうすることで、自分の想像や考えが深まったり、広がったりすることが期待できる。子どもたちに見通しをもたせるため、このことを見合う活動の前に予め伝えておく。必要に応じてノートにメモを取りながら見合うよう促す。書くのが難しい子が多い場合は、「いちばん自分のそうぞうとにていたのは〜〜」などと型を示すとよい。

4　感想を発表し合う

感想を発表し合いましょう。

感想を発表し合う。まずは自分の想像したことに似ているものから出させていく。これを全体で共有していくことで、「私もそう考えた！」とか「たしかに！」と、あまり想像出来ていなかった子も友達の言葉や絵によってイメージしやすくなる。感想に名前が挙がった子のものを全体に見せたり、思いを語らせたりするとよい。次に自分の想像とは違ったものを出させていく。ここでは「へー！」とか「そういう考えもあるんだ！」などと想像の広がりが期待できる。最後に、友達の想像したことを読むとどういうよいことがあるかをまとめる。

お手紙 （光村図書・学校図書・東京書籍・教育出版１年）

昭和学院小学校　柘植遼平

私の授業改善プラン

●「繰り返し学ぶ」ことの大切さ

国語の学習では、物語文や説明文を「読む」学習が多い。しかし、教科書の配列通りに年間指導計画を組んでいくと、一つひとつの読み物教材の間には、「書く」学習や、「言葉」、「話す」学習があり、間が空いている。夏休みなどの長期休みを挟む場合は、数ヶ月も空いてしまうこともある。そこまで空いてしまうと、前回の学習で何を学んだのか覚えていない子どもが出てきても不思議ではない。果たしてそれで読む力は付くのだろうか。その点、算数の学習では、自分たちで考え、導き出した学びを習熟していく時間がある。類題を問いたり、自分でつくったり、計算を繰り返したり、人に説明したりである。国語でも説明文の場合、主となる教材の前に短い説明文が入るものもあるので、ここで振り返りを行う事も可能である。しかしながら、物語文の場合、「前回の教材で学んだこと（例えば時系列や事柄の順序）を意識させたい」と教師が意図しても、既習事項を思い出すことで一定の時間をとられてしまうことがある。そこで、単元の二次などに学んだ内容が生かせる教材を用意できることが理想である。だが実態としては、時数等の問題などでなかなか上手くいかない。そこでどんな二次以降の学習でも「読む」で学んだことをきちんと活用できるような単元計画をつくっていきたい。

新学習指導要領では、『構造と内容の把握⇄精査・解釈⇄考えの形成（共有）』の三つを繰り返しながら学びを深めていくことが示されている。だからこそ、二次以降のあり方を今まで以上に教師が意識して「繰り返し学ぶ」機会が得られるようにしたい。

●「二次」以降を意識考えた単元づくり

物語文の二次以降の学習では、「劇」「POP づくり」「リーフレットづくり」「続き話づくり」「中心人物や作者への手紙」など、たくさんの言語活動が教科書でも設定されている。しかし現状では、これらの学習が学習全体の目的となっていて、本文で学んだことを活用する「繰り返し学ぶ」場として設定されている機会が少ないように感じる。例えば「リーフレットづくりをする為に、物語文を学ぼう」になってしまっている事が多い。同じリーフレットづくりをするのでも、「物語文で学んだ事をリーフレットに活用しよう」となっていなければならない。同じような活動をしていても中身が大きく異なってくる。教材を教えるのか教材で教えるのかの違いである。そこを教師が意識して単元を組んだり、展開したりしていくと、二次以降の取り組みが変わってくる。

1　教材分析

1　育てたい資質・能力

知識及び技能	語のまとまりや言葉の響きなどに気をつけたり、誰が話しているのかを意識したりして音読すること。
思考力、判断力、表現力等	場面に着目して登場人物の行動を具体的に想像すること。
学びに向かう力、人間性等	自分だったらと考えることで、自分の考えを伝えたり人の考えを聞いたりし、お話を創作しようとすること。

2　本教材の特性

「お手紙（おてがみ）」はアメリカの絵本作家アーノルド・ローベルの「ふたりは～」のシリーズの中の一つのお話である。どのお話にも「がまくん」と「かえるくん」が登場し、一話ごとにエピソードは完結しているが､少しずつ繋がっている。例えば､「お手紙」で「かえるくん」の着ているシャツは、それ以前の「なくしたボタン」のエピソードで出てきたものである。このようにシリーズ物であるからこそ見えてくるところもある。なお、本教材は、学習する上で３つの特性が見られる。

① 会話（台詞）が多い
② 二人の性格がわかりやすい
③ 直接的な心情表現が多い

これらの特性を踏まえると、様子を思い浮かべたり、感情移入したりしやすい作品と言える。

「お手紙」は、長年にわたり多くの教科書会社で採用されている教材である。それだけ子どもたちにとって学びやすい教材であると言える。

3　単元化のポイント

「主体的・対話的で深い学び」を実現させる授業デザイン

特性に記した３つのうち、①や②については、子どももすぐに気付くことである。主体的な学びを行う為にも､気付きやすい部分から単元を構成してくことが大切である。また、①を考える際には本文との対話、確認の為の人との対話が自然と生まれる。①や②を整理するときに、根拠（証拠）がどこにあったのかを繰り返し聞くことで叙述を根拠にする必要性に気付かせる。そうすると③を考える際も自ら本文との対話を行い、「いつでも本文が大切だ」と気付く学びができる。また、「もし、自分がかえるくんだったらお手紙を書いたことを言う？」と揺さぶることで、自己との対話が生まれる。

このように「毎時間、人との対話をしなくてはいけない」「対話をどうしよう」と悩むのではなく、単元全体を見通してどの時間にどの対話が必要なのかを考えていくことがポイントである。

2　単元構想（全 11 時間）

単元名

読んだことをつかって、オリジナルのお話を作ろう

単元計画

○数字は時数

一次		
①挿絵と題名からお話を想像しよう ②登場人物・中心人物はだれか考えよう **改善ポイント①**	③誰の台詞か考えよう。 ④二匹はどんなかえるか考えよう	
○挿絵や題名から三匹（三人）が出てくること、手紙が関係していること、悲しんだり喜んだりしていることを読み取る。 ○本文を読み、三匹のうち登場人物・中心人物がだれであるか考える。中心人物＝気持ちが一番変わった人物であることを理解する。	○記号やシールを使って台詞を確認する。 **改善ポイント②** ○登場人物の特徴をまとめる為に、本文をもとにして性格を考えていく。	

単元の概要

本教材は、常に二人の心情が分かるように書かれており、低学年の子どもにとっても読み取りやすい。それゆえに、低学年の子どもの発達の特性としてみんな自分と同じように考えていると思い込みがちになる。それが山場の読み（第 5･6 時）で「一番気持ちが変わったのは？」と問うことではじめて子どもの読みにズレが生じる。もし同じ場面を選んだとしても、どのくらい悲しいのか、嬉しいのか程度のズレが生まれてくる。このズレが対話に向かうしかけとなり、またズレを埋めるための根拠となる本文との対話の必然性が生まれてくる。

また、⑦時間目に心情曲線などを活用するなどをして場面ごとの心情の移り変わりを視覚的に捉えていくことで、場面ごとの読みではなく、物語全体へと目を向けることができる。このように、二年生の段階から場面ごとの読みだけではなく、物語全体を捉えていくような読み方を意識しながら取り組んでいきたい。そうすることが中学生になってからの学習へとつながっていく。

かえるくんが書いたお手紙は「親愛なるがまがえるくん。」から始まり「親友」と言う表現が使われている。「親愛」も「親友」も 2 年生には難しい表現であるが、友だち以上の関係であることは理解できればよい。

目標

〈知識及び技能〉文の中における主語と述語の関係や「　」の使い方を理解する事ができる。
〈思考力、判断力、表現力等〉場面の様子や登場人物の行動など、内容の大体を捉えることができる。
〈学びに向かう力、人間性等〉本文の書き振りや設定を意識しながらお話を創作しようとする。

評価規準

〈知識・技能〉文の中における主語と述語の関係や「　」の使い方を理解している。((1) カ)
〈思考・判断・表現〉場面の様子や登場人物の行動など、内容の大体を捉えている。(C (1) イ)
〈主体的に学習に取り組む態度〉本文の書き振りや設定を意識しながらお話を創作しようとしている。

	二次	三次
	⑤「かえるくん」の気持ちが一番変わったのはどこだろう？ ⑥「がまくん」の気持ちが一番変わったのはどこだろう？ ⑦場面ごとの二人の気持ちを考えよう ⑧もし、自分がかえるくんならお手紙を書いたことを伝えたか考えよう？【本時】	⑨⑩二次までの学習を踏まえてオリジナルの「ふたりは～」をつくろう。 ⑪できた作品を読み合って楽しもう。
	○それぞれが一番変容した場面を考える。なぜ、その場面を選んだのか本文（読み）を根拠とした他者との対話を行う。対話をもとに自分の考えを決め直す。 ○場面ごとの二人の気持ちが分かる表現を抜き出す。心情曲線などで、視覚的に分かるようにまとめていく。 ○お手紙が届くまでのサプライズにするべきだったのか、かえるくんのように話した方がよかったのか考える。他者との対話を通して多様な考え方に触れ、本文をもとにどちらがよかったのか、本文との対話を行う。	○前時までの学習を踏まえ、誰の言葉か分かるようにしながら、台詞を多く入れることを意識する。また、性格や気持ちの分かる言葉も意識して入れていく。 **改善ポイント③** ○前時に意識した事が含まれているかを評価の観点としながら、他者の作品との対話を行う。

授業改善のポイント

多くの先行事例のある作品だからこそ、クラスの実態を考え、目的と手段には、気を付けて取り組みたい。あくまで、「読む」活動が主であることを忘れてはいけない。

改善ポイント①　学習用語を共通言語とする

低学年で押さえたい学習用語は、必ず確認しておく(作者／題名／登場人物／中心人物)。これらの用語が今後の共通言語となるようにしておきたい。

改善ポイント②　叙述を根拠に対話する

会話がテンポよく続く場面でも「○○がいった」と言う表現が多用されている。誰の台詞かを確認する際には、感覚で確認するのではなく「○○と書かれているからがまくんだ」「次の台詞だからかえるくんだ」と、常に本文を根拠にし続けることで本文を意識させたい。

改善ポイント③　学びを生かす表現活動

二次までの学習を生かして「繰り返し学ぶ」ためにも二人の性格を踏まえた作品にしたい。また「～がいった」のような書きぶりや台詞を多用することで、シリーズものであることを大切にしたい、その際、教師がお手紙をベースにした創作物語を提示することによって、苦手意識のある子へ配慮したい。

3　授業イメージ

1　本時（第８時）の目標

「かえるくん」は「がまくん」にお手紙を書いたことを直接伝えるべきだったのか、を考える事を通して、作品をより深く読む。

2　授業改善のポイント

ただ単に「僕だったら、伝えなかった」「私は伝えた」と感想をもったり、感想の対話をしたりするだけではなく、なぜそう思ったのかについて、本文を根拠にして考えさせる。物語文も説明文と同様に本文を根拠に考えをもつ事が大切である事を意識して、授業を行なっていく。

「かえるくん」のやさしさが
とても強い。

幸せな時間が長くなる

だから、先に伝えた

作者は、そこまで考えていた。

いろいろ、考えられそうだね。

じゃあ、自分が作者だったらどうしたかな。
やっぱり「かえるくん」が、先に伝える。
もっと早くはこべるどう物にたのんで、伝えない。
自分でポストに入れておく

3　授業の流れ

1　前時までの学習を振り返る。

何がきっかけで二人の気持ちはこんなに変わっていたのだろう？

前時までに考えてきたお手紙をもらった事がない「がまくん」（悲しい→とても幸せな気持ち）の心情も、お手紙を書いた「かえるくん」（驚いた・悲しい→とても幸せな気持ち）の心情もお手紙を中心として起きていた事を確認する。

「かえるくん」が伝えてからお手紙が届くまでに時間があったことも確認する。

※題名に着目できる子どもがいた際には、大いに価値付ける。

2　自分ならお手紙を書いた事を伝えるか考える。

もし、自分が「かえるくん」だったらお手紙を書いた事を伝えたかな？

まずは、自分の主観で構わないので自分の考えをもたせる。自分なりに考えた理由も含めてノートなどに記しておく事で本時の中での自分の変容が見られるようにしておく。他者との交流の際には、「だって…」のように理由も言えるようにする。「早く教えてあげて喜ばせたい」「サプライズで喜びを大きくしてあげたい」など、どちらの考えも子どもの素直な感性を認められる雰囲気で交流を楽しむ。

お手紙

アーノルド＝ローベル

がまくん
かなしい

かえるくん
おどろいた
かなしい

お手紙

とてもしあわせな気もち

なぜ、「かえるくん」は、お手紙がとどく前に伝えたのだろう。

ぼく／わたしなら

○つたえる
がまくんがかわいそう
早くよろこばせたい
早く言いたい

○つたえない
びっくりさせたい
急に来た方が
うれしい

せいかく

がまくん
じゆう
わがまま
おさない

かえるくん
やさしい
おにいさんみたい

3 本文から根拠を探す

じゃあなぜ、「かえるくん」は、先に伝えたのだろう？

ここからは、本文を根拠にして考えていきたい。一次の学習を振り返り、二人の性格を考えたい。幼さのある自由気ままな気分屋の「がまくん」と、優しくて面倒見がいい「かえるくん」である。お昼寝をして呼びかけにも拗ねている「がまくん」と、何度も窓から覗く「かえるくん」の描写からも性格が読み取れる。ここを根拠にする事で、先に伝えたのは「かえるくん」の優しさであると気付く事ができる。

4 自分の考えをまとめる

作者は、性格を考えて書いていたね。自分が作者だったら？

今度は、書き手として考えてみる。自分が書き手だったら、「かたつむりくん」が来るまでの時間を二人にどう過ごしてもらうのか。どうするといいお話になるのかを考える。「他の動物に頼んで早く持ってきてもらう」「自分でポストに入れる」など、性格や場面を踏まえて話の筋がそれない範囲で自由な発想をさせ、イメージを広げさせていく。そのイメージをもとに次時では、「ふたりは～」を書く事を伝える。

2年

きつねの　おきゃくさま（教育出版）

神奈川県・小田原市立曽我小学校　岩立裕子

私の授業改善プラン

1　文学的な文章の指導における課題

新学習指導要領解説の総則編には、低学年の課題として3つが挙げられていた。それを、文学的文章を読む学習にあてはめると、次のような課題があると読み換えることができる。

・この2年間の文学的文章の読み方が、中学年以降の学習を広げるものになっているか

・学力の質に大きく関わる語彙量を増やせるよう、学習を計画しているか

・文学的文章を読むことで、描かれている世界に興味をもって楽しんで読んだり、読書の機会を広げようとしたりするような学習となっているか

新学習指導要領や、それにもとづき作成された教科書では、「読みの力」を系統的に育むことを意識して指導が工夫されるようになっている。ただし、「読む」スキル面と「読み味わう」ことのバランスは常に課題であり、スキル面の指導にばかり意識を向けるあまり、「読み味わう」ことが軽視されるということが起きかねない。

そして、語彙の課題である。文学的文章を読み終わった後、または学習中に、子どもにとって語彙を増やすきっかけになるよう、教師が意識できているか。

文学的文章の特徴である感情を表す言葉は、子どもの経験値によって具体的にも抽象的にも捉えられる。そのため、同じ文章を読んでも、文章の深い部分まで想像を広げられる子どもと、そうでない子どもがいる。その差を埋めていく手立てが「対話」ではないだろうか。自分一人では想像できない感情があっても、仲間・教材・教師と対話することで、気付き、疑似体験できる、または、自分なりに解釈する。そんな経験が語彙を増やすきっかけとなりうるのではないか。

2　授業改善に向けて

低学年という発達段階から、楽しみながら読むことを中心にした指導であることは変わりないが、「仲間・教材・授業者」の三者との対話を手段として、「語彙量」を増やすことを、これまで以上に意識した学習を計画する必要があると考えた。

自分のこと、自分の感情でさえも簡単な言葉でしか言い表せない子どもが多くなったように感じる今だからこそ、いろいろな言葉で言い換えながら、自分の思いを表現する力の素地をつくる2年間であってほしい。また、語彙を増やすことで、表現だけではなく、自分の思考と向き合う時間も豊かになる。深い学びを目指すには、語彙を豊かにすることは不可欠である。知識という側面の「語彙」だけでなく、思考という側面の「語彙」も豊かになるよう育んでいくには、文学的文章を扱った学習が有効であると考える。

1　教材分析

1　育てたい資質・能力

・言葉のリズムや繰り返し出てくるフレーズに注意を向ける力
・文章の特徴をつかみ、様子の移り変わりを豊かに想像する力
・文章の構造に興味をもち、似た構造の物語を進んで読もうとする態度

2　本教材の特性

本教材の特性は、繰り返されている叙述である。その叙述を手がかりにして、読み手が話の展開を想像しながら読み進めることができる。きつねがお客様に出会う場面で繰り返し使われている叙述には、きつねの捕食者としての感情を表すものと、ひよこたちに称賛されるたびに生まれる「頼りにされることの喜び」に似た感情を表すものがある。前者の感情が後者の感情をサンドイッチする形で、「お客様」の場面が構成されている。

読み手が「きつねは、ひよこたちを食べないのではないか」と予想したくなるのは、前者の感情については全く同じ言葉が繰り返されているのに対して、後者の感情は繰り返し表現されながらも、使われている言葉が少しずつ変わり、その感情が強くなっていることが伝わるからである。きつねの本心が曖昧なまま読み進め、おおかみの登場で明確になっていく。おおかみが登場するより前の場面で、きつねの相反する感情を丁寧に読むことで、きつねの心に迫ることができると考える。

3　単元化のポイント

「主体的・対話的で深い学び」を実現させる授業デザイン

〈教材の特徴をつかむための対話〉

きつねがお客様に出会う場面で繰り返される叙述によって、お話の展開を予想できることを実感させられるような学習を計画したい。もし、第４のお客様が登場するとしたら、ひよこは何と言うだろうか。きつねはどうするのか。それぞれの場面を比較しながら想像し、言葉を吟味する過程で対話を取り入れることで、相反する２つの感情の表現の仕方の違いなどに気付きやすくなり、理解を深めることができる。

〈「ズレ」に注目させるための対話〉

本教材には、きつねの、ひよこたちに対する相反する感情が描かれている。どちらの感情が正しいのかを対話で解決するのではなく、どちらの感情も存在していて揺れ動いていることに気付かせるための対話を取り入れたい。子どもによっては、「食べたい気持ちの方が強い」「家族のように大切にしたい」といったどちらかの感情に決めたがることも考えられるが、どの叙述からそのように想像できるのかを根拠に、その上で、「自分だったら」という同化した感情を想像させたい。

2　単元構想（全７時間）

単元名

「くりかえし」のおはなしをたのしもう

単元計画

○数字は時数

一次	二次	
①お話を読んでかんそうをつたえよう	②お話のせっていをかくにんしよう	③・④きつねのようすをそうぞうしよう
○題名の「おきゃくさま」からお話の展開を想像させる。 ○全文を読み、作品に対する感想を交流する。 ○きつねに対する感想についてまとめる。	○「おきゃくさま」は何人だったのか、きつねにとってどんなおきゃくさまなのかを確認する。 ○登場人物は、捕食する側とされる側であることを図で確認する。	○各場面の繰り返しの表現に注目させながら、きつねの気持ちを想像させる。 改善ポイント①

単元の概要

題名読みから始め、書かれている内容を自由に想像することから始める。「おきゃくさま」はきつねにとって食料であり、おいしく食べるためにとった行動が思わぬ方向へ展開することを楽しみながら読ませる。人物の関係を確認し、きつねの立場を正しく押さえる。

各場面に書かれている繰り返しの叙述を音読で楽しませながら、行動描写から読み取れるきつねの気持ちを想像し、相反する感情の存在をとらえさせる。ひよこ、あひる、うさぎの場面から読み取ったことをもとに、新たな「おきゃくさま」を設定し、各場面の繰り返しの言葉や叙述を生かしながら、きつねの気持ちを表現する。どうしてそのような表現にしたかを、根拠をもって対話させることで、きつねの感情を確認する。

おおかみに戦いを挑んだ場面では、きつねの行動の理由を考えながら、きつねの、ひよこたちへの思いに気付かせていく。ただし、どちらかの感情に決めるのではなく、叙述に根拠を見いだして書かせることが大切である。

目標

〈知識及び技能〉言葉のリズムや繰り返し出てくる叙述に注意を向けながら音読することができる。
〈思考力、判断力、表現力等〉場面の様子に注目して、その様子の移り変わりを想像することができる。
〈学びに向かう力、人間性等〉繰り返しの構造の物語に興味をもち、同じ構造の物語を進んで読もうとする。

評価規準

〈知識・技能〉語のまとまりや言葉の響きなどに気を付けて音読している。((1) ク)
〈思考・判断・表現〉
・「読むこと」において、繰り返しの言葉に注目しながら、場面の様子の変化を詳しく想像している。(C(1) エ)
・「読むこと」において、文章の内容から自分なりに想像したり感じたりしたことを伝えている。(C(1) カ)
〈主体的に学習に取り組む態度〉場面ごとを比較し、繰り返しの構造を進んで探そうとしている。

二次		三次
⑤　⑥きつねのようすをそうぞうしよう【⑤本時】		⑦よみおえたかんそうをこうりゅうしよう
○もし、この他におきゃくさまがきたら、きつねはどんな反応をしてどうするか、場面を想像する。 ○きつねの相反する2つの感情について確認する。 改善ポイント②	○おおかみがあらわれたときのきつねの気持ちについて、これまでの学習をもとに考える。 ○きつねは、なぜ「はずかしそうにわらった」のか、二択から選び、根拠をもって自分の考えを書く。	○書いたものを交流し合う。 ○きつねの人柄について、自分の考えをまとめる。

授業改善のポイント

改善ポイント①　繰り返される叙述の比較を大切にする

各場面を順番に読むときに、繰り返される言葉や叙述を比較できるように整理して残しておくと、俯瞰する際に少しずつ変化している様子が視覚的にとらえられる。捕食者としてのきつねの気持ち、ひよこたちがきつねに対して称賛する言葉、それに対して舞い上がる気持ち。そして、季節が書かれていることでかなり長期的な話の展開であることがとらえられることで、きつねの感情がだんだんと変化しつつあることを読み取りやすくなる。

改善ポイント②　場面を創作する

これまでの場面で使われていた言葉に注目しながら新しい場面を創作することで、高まる気持ちや相手を尊敬する気持ちをどのように表現するかを考えることになり、語彙を広げるきっかけになる。また、きつねの相反する感情が全く同じではなく、変化していることを実感させられる。

3　授業イメージ

1　本時（第５時）の目標

新しい「おきゃくさま」の場面を想像することできつねの感情の変化を想像することができる。

2　授業改善のポイント

４人目の「おきゃくさま」が現れたときに、他の登場人物はどのように受け答えするのか、それに対してきつねはどんな反応をするのかこれまでの場面の叙述を根拠にして想像できるように促す。

きつねの感情をとらえる際、叙述を根拠にしながらも、「自分ならこう考える」という登場人物に寄り添った気持ちを想像させるようにする。

りすも、まるまる　太って　きたぜ。

★この文はもういらない？

いらない

・きつねはたべようと考えていないから
・どうぶつたちが大すきになったから
・どんどんうれしくなっているから

きめられない

・どっちの気もちもありそう
・おなかがすいたら「たべたい」きもちがかってしまうかも
・まよっている
・たべたくなっちゃうときもある

ひつよう

・もっと太らせてからたべようと思っている。
・きつねだからやっぱりたべたい
・ずっとうたがっているから、しんじていない

3　授業の流れ

1　繰り返しの表現を確認する

あひるとうさぎが登場する場面を読んで、同じ書き方を探しましょう。

教材の始めからうさぎが登場する場面までを各自で音読する。

次に、あひるとうさぎの場面を全員で音読するが、繰り返されている叙述は、立ち上がって読む。教師は、子どもが立ち上がって読んでいる叙述を確認しておく。

あらかじめ準備しておいた繰り返しの叙述を掲示する。なお、この掲示物は、事実としての叙述、きつねの捕食者としての気持ちの叙述、きつねの喜びを表す叙述の３色に分けておく。

2　４人目のおきゃくさまの場面を想像する

４人目の「おきゃくさま」が登場したら、どんなお話になるかな。

音読で確認した、繰り返されている叙述を使って、４人目のお客様の場面を想像する。ここでは、りすを４人目としたが、子どもたちの発想に沿って設定したい。

学級全体で創作する中で、「ううん。きつねお兄ちゃんは、」に続く言葉はいろいろな言葉が想像できる場である。個人で表現させたのち、対話を入れて、「神様みたい」以上の誉め言葉が入るであろうことを予想できるようにする。また、その言葉に対するきつねの言動についても、根拠をもって想像させたい。

きつねの　おきゃくさま
★四人目のおきゃくさまが　あらわれたら…

あまん　きみこ

ある　日、ひよこが　さんぽに　行きたいと　言い出した。
——はあん。にげる　気かな。きつねは、そうっと　ついて　いった。
ひよこと　あひると　うさぎが　秋の　うたなんか　うたいながら　あるいて　いると、やせた　りすが　やって　きたとさ。
「やあ、ひよことあひるとうさぎ。どこかに　いい　すみかは　ないかなあ。こまってるんだ。」
「あるわよ。きつねお兄ちゃんちよ。あたしと　いっしょに　行きましょ。」
「きつね？　とうんでもない。がぶりと　やられるよ。」
「ううん。きつねお兄ちゃんは、□□□□□□□□。」
・かみさまよりすごいよ　・家ぞくみたいだよ
・うちゅう一やさしいよ　・たからものだよ
それを　かげで　聞いた　きつねは、□□□□した。
・うれしくてさけびたくなった　・とびあがった
・うれしくておどりたくなった　・うっとりしてなんどもつぶやいた
そこで、きつねは、ひよこと　あひると　うさぎを　□□□□□□□□した。
・だれよりもだいじにそだ
・うちゅう一やさしくした
そして、四人が　□□□□お
と、ぼうっと　なった。
・かみさまよりすごい
・うちゅう一やさしい

シリーズ累計100万部突破！
教育書
売り上げ
No.1
紀伊國屋書店売上（教育／学校教育）
集計期間：2003/1/1～2019/9/30
先生のために、一番いいものを。
板書で見る
全単元の授業のすべて
国語
小学校
年
DVD
新教科書対応！
No.1!
板書
シリーズ
東洋館出版社

つの気持ちを想像する

もういらなくなったの
な？

成したところで、「はあ
「りすも、まるまる太っ
いらないのではないか、
。りすの場面を創作中
が出ればなおよい。
れていく中で、捕食者と
当に残っているのか。自分の考えをもって対話できるようにする。考えが揺れている場合でも、揺れている状態が自分の考えであることに気付かせる。相手に伝えるときには、叙述を根拠に話せるよう促す。

4　きつねの気持ちをまとめる

自分の考えをまとめよう。

対話する中で、「食べたい」「大事にしたい」の両方の気持ちが存在することに全員が納得できるとよい。どちらの感情がどれくらい強いかという点には叙述から根拠を探せないので執着しない。ただし、個々の中でまとめておけるとよい。

対話の前後で自分の考えは変わったかどうか記述させる。考えが変わった場合もあれば、考えが明確になった場合も考えられる。振り返りの中で、自分の考えを客観的に捉えられていればよい。叙述をもとに場面ごとの変化を捉えながらまとめられているか見取りたい。

3年

まいごのかぎ（光村図書）

東京都・世田谷区立玉川小学校　沼田拓弥

私の授業改善プラン

1　これまでの文学の授業における問題点　～単純に「気持ちの変化」ばかりを追う読み取り授業～

学習指導要領には、第３学年及び第４学年の文学的な文章の「精査・解釈」における指導内容として「登場人物の気持ちの変化や性格、情景について、場面の移り変わりと結び付けて具体的に想像すること」が明示されている。確かに、中心人物の気持ちの変化とその要因を読み取る力は文学を読み解く上で重要である。これまでの授業実践でも気持ちの変容やその要因となった場面（出来事）について検討する授業が数多く行われ、その成果と課題が報告されている。しかし、その一方、懸念されることは、どの文学教材においてもこれらの発問が文学の授業のスタンダード発問として、当たり前のように問われている現状である。どの学年、どの文学教材においても一律に「中心人物の気持ちの変化」ばかりを追った授業づくりになっていないだろうか。

授業で扱われる教材にはそれぞれのもつ特性がある。作者が作品の中に組み込んだたくさんのしかけや仕組みを発見し、作者の意図に迫りながら議論する読みは、単純に登場人物の心情の変化を読み取る以上に味わい深い読みを子どもたちにもたらすに違いない。教材研究の段階で、授業者が教材の特性をつかみ、指導事項の柱となる「中心人物の気持ちの変化」に迫る授業づくりを行う力が求められる。

2　教材の特性を生かすとは？　～「くり返し表現」の効果に迫る～

授業者が教材研究を行う中で「私のおもしろさは〇〇ですよ」といった作品からの声が聞こえてくれば、授業づくりはきっと充実したものになるに違いない。しかし、このような作品からの声が自然と聞こえてくるようになるまでには、長い年月と経験が必要である。そのためにも、まず教材を「声に出して読んでみること」をおすすめしたい。声に出すことによって、黙読では気が付くことのできなかった独特な言い回しや文学的表現、作品のしかけや仕組みを見つけることができるはずである。

これらの文学作品の教材の特性の一つに「くり返し表現」がある。同じ言葉（セリフ）が何度も登場したり、同じような出来事が何度も繰り返されたりする部分である。これらの表現は、表面上は同じような言葉で書かれているため、同じように音読されたり、違いに着目されずに同じ言動として読み流されたりすることも多い。しかし、これらの「くり返し表現」には、作者が強調したい作品に込めた思いや魅力、そして登場人物の微妙な気持ちの変化を読み取るヒントがあるように感じる。本稿では、文学教材における「くり返し表現」という教材の特性を授業づくりに生かすことで、その効果に迫る提案を試みる。

1　教材分析

1　育てたい資質・能力

登場人物の気持ちの変化や性格、情景について、場面の移り変わりと結び付けて具体的に想像すること。（思、判、表　読む（1）エ）

「くり返し表現」という視点から、物語の中で起こる様々な変化を読み取らせたい。場面が変わるごとに中心人物が出合う、不思議な出来事との関係がどのように変化していくのかを叙述をもとに想像させる。また、他者との意見交流を通して、多面的・多角的な読みのとらえ方も育みたい。

2　教材の特性

本教材は、令和２年度版の教科書から掲載された新教材である。学校からの帰り道、中心人物のりいこがかぎを拾ったことをきっかけに不思議な出来事がくり返し起こるファンタジー作品である。この作品では、非現実の世界において「不思議なかぎ穴」というくり返しが登場する。さくらの木、ベンチ、あじの開き、バス停の看板と４度にわたって目の前に現れる不思議なかぎ穴。これまでの低学年の学習内容とも結び付けながら、「くり返し表現」の効果や魅力に迫りたい。そして、かぎ穴との出合いを通して徐々に変容するりいこの様子を捉えさせたい。

また、作品の冒頭に登場する「うさぎの存在」にも着目したい。元気のなかったりいこが不思議な出来事を通して晴れやかな気持ちへと変化する最後の場面で再び登場するうさぎ。これも同じように「くり返し表現」の一つとして取り上げ、再登場させることの効果を考えさせたい。

3　単元化のポイント

「主体的・対話的で深い学び」を実現させる授業デザイン

小学校中学年における指導内容の「登場人物の気持ちの変化」の読み取りは押さえながらも、「作品のしかけや仕組み」と絡ませることで、さらにもう一歩踏み込んだ文学作品の世界を味わわせたい。読み取りの際には、場面ごとに区切った「場面読み」ではなく、読み取りの観点を与えることで教材全体を視野に入れた「全体読み」を行い、様々なつながりを意識させた読みを促したい。

「精査・解釈」の学びを手紙で表現させる

中学年における文学作品の読み取りでは、登場人物に同化させた読み方も有効である。「もし、自分がりいこだったら…」となりきらせることで、授業での学びの実感を言葉で表現させることができる。本単元では、中心人物のりいこがうさぎに手紙を書くという設定で、様々な解釈を通して得た学びを子どもたち同士で共有させたい。

2　単元構想（全６時間）

単元名

登場人物のへんかに気をつけて読み、手紙を書こう

単元計画

○数字は時数

一次	二次	
①中心人物のりいこの性格について考えよう	②最初と最後のりいこの違いについて考えよう	③くり返し表現の効果と魅力について考えよう【本時】
○本文を通読した後、「りいこってどんな女の子？」と問い、初読のりいこのイメージを共有する。りいこの性格を表す言葉（心配性、好奇心旺盛、疑い深い、臆病など）を端的に表現させ、本文のどの辺りからそのように感じたのかを話し合う。性格を表す言葉一覧を提示してもよい。	○「最初と最後の現実世界におけるりいこは同じか」を問う。この物語はファンタジー作品である。「現実―非現実―現実」という構造をもち、非現実世界での出来事を通して、りいこの気持ちがマイナスからプラスへと変わっている。そのマイナスとプラスの具体的な内容について話し合う。**改善ポイント①**	○四つのかぎ穴と出来事についてセンテンスカードを用いて組み合わせを確認する。 ○「りいこが不思議なかぎの力を信じたのは、４つの中のいつか」について話し合う。くり返しという構造の中でりいこの気持ちがどのように変容したのか、また、その効果について確認する。 **改善ポイント①**

単元の概要

中心人物のりいこの変化を読み取らせるために、「作品のしかけや仕組み」に注目しながら読みを深める。最終的な「考えの形成」としては、今回、登場人物のうさぎに向けての手紙を書く活動を設定することで、二次の「精査・解釈」を通して読み深めた内容を自分の言葉で表現させたい。

二次の第３時の授業では、「ファンタジー構造」「くり返し表現」という教材の特性を授業づくりに生かしながら学習課題を設定した。「人物像」「中心人物の変容」「心情の変化のきっかけ」等の学習を通して、子どもたちが解釈を話し合うことで読みに広がりと深まりが生まれ、一人ひとりの「考えの形成」へと至る学習の流れを意識している。

三次では、りいこになりきって、「自分の気持ちの変化」をうさぎに伝える手紙を書かせる。最後は子どもたち同士でお互いの手紙を読み合って、うさぎの立場から返信を書くことで学びの共有を図る。

目標

〈知識及び技能〉様子や行動、気持ちや性格を表す語句の量を増し、語彙を豊かにすることができる。
〈思考力、判断力、表現力等〉登場人物の気持ちの変化や性格、情景について、場面の移り変わりと結び付けて具体的に想像することができる。
〈学びに向かう力、人間性等〉積極的に登場人物の気持ちの変化を想像し、学習課題に沿って、手紙を書こうとする。

評価規準

〈知識・技能〉様子や行動、気持ちや性格を表す語句の量を増し、語彙を豊かにしている。((1) オ)
〈思考・判断・表現〉「読むこと」において、登場人物の気持ちの変化や性格、情景について、場面の移り変わりと結び付けて具体的に想像している。(C (1) エ)
〈主体的に学習に取り組む態度〉積極的に登場人物の気持ちの変化を想像し、学習課題に沿って、手紙を書こうとしている。

		三次
	④りいこが非現実世界に入っていった理由を考えよう	⑤・⑥うさぎに手紙を書いて、りいこの変化を伝えよう
	○「りいこが再びこの不思議な出来事に遭遇することはあると思うか？」を問う。この課題を考えることで、りいこが非現実世界へと足を踏み入れることになった理由に迫る。作品の題名でもある「まいご」という言葉に着目し、「まいごになっていたのは誰か」についても話し合いたい。 改善ポイント②	○これまでの精査・解釈を踏まえて、「りいこは非現実世界での出来事を通してどのように変化したのか」を、りいこになりきる形で、うさぎへの手紙を通して表現させる。また、第6時ではお互いの手紙を読み合い、その手紙に対する返信をうさぎになりきって書く活動を行い、学びの共有を図る。

授業改善のポイント

改善ポイント① 教材の特性を生かす

小学校中学年における指導内容である「登場人物の気持ちの変化」を読み取らせることはもちろん、そこに「作品のしかけや仕組み」への気付きを大切にしながら授業を展開したい。具体的には、第2時と第4時における「ファンタジー」という作品構造、第3時の「くり返し表現」という作品のしかけである。この気付きによって、子どもたちが作品の魅力を伝えられる力を身に付けさせたい。

改善ポイント② 汎用的な読みの力を付ける

また、この単元での学びは他教材への学びにも生かしていけるように意識したい。今後も「ファンタジー教材」や「くり返し表現を用いた教材」に出合った子どもたちが、「このような読み方で作品と向き合えば、その魅力を見つけることができる」と読み方に自覚的になれる指導にもつなげたい。単純に「気持ちの変化」ばかりを追う読み取りの授業から、もう一歩踏み込んだ読みの世界のおもしろさに子どもたちを誘いたい。

3　授業イメージ

1　本時（第３時）の目標

くり返し表現の比較を通して、その効果に気付き、りいこの気持ちの変化を読み取ることができる。

2　授業改善のポイント

四つの不思議な出来事を通して、「りいこがかぎの力をどれくらい信じているか」の気持ちの変化を読み取ることができるようにしたい。

また、授業後半では、伏線として登場する「うさぎの存在」についても注目し、その効果にも気付かせたい。

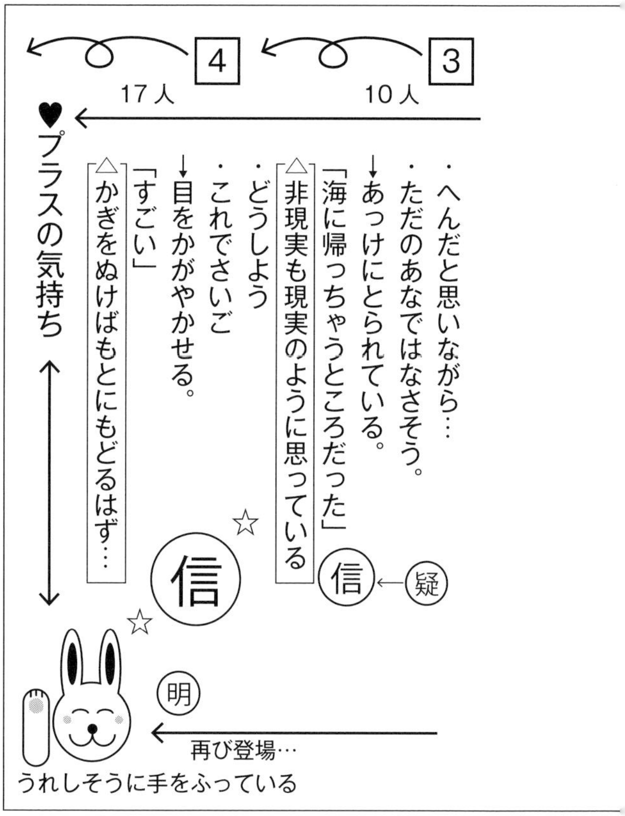

3　授業の流れ

1　センテンスカードの並べ替え活動を通して、かぎ穴の種類と出来事を整理する。

不思議な出来事がくり返されていく中で、りいこの気持ちも変化していたね！

授業の導入では、板書例にあるようなセンテンスカードの並べ替えを通して、前時までに学習した「四つのかぎ穴と出来事」の整理を行う。既習の作品（「たぬきの糸車」や「お手紙」等）の例を出し、「まいごのかぎ」も「くり返し表現」のしかけになっていることを確認する。

また、中心人物のりいこの心情が作品全体を通して、マイナスからプラスへと変容していたことを押さえる。

2　学習課題を提示し、考えを伝え合う。

りいこは最初から最後まで不思議なかぎの力を疑っていたのかな？

りいこが不思議なかぎの力を疑う気持ちは、どの出来事のときに確信に変わったのかを考える。「りいこが不思議なかぎの力を信じたのは、四つの出来事のうち、いつだったのでしょうか？」と学習課題を提示した後、一つを選択させ、その理由を書かせる。

交流を通して、同じような出来事がくり返し起こったことで徐々にかぎの力を信じる気持ちが高まっていった、りいこの様子をとらえさせたい。

料金受取人払郵便

本郷局
承認

3601

差出有効期間
2022年２月
28日まで

郵便はがき

1 1 3 8 7 9 0

東京都文京区本駒込5丁目
16番7号

東洋館出版社
営業部 読者カード係 行

ご芳名	
メール アドレス	@ ※弊社よりお得な新刊情報をお送りします。案内不要、既にメールアドレス登録済の方は右記にチェックして下さい。□
年　齢	①10代　②20代　③30代　④40代　⑤50代　⑥60代　⑦70代～
性　別	男　・　女
勤務先	①幼稚園・保育所　②小学校　③中学校　④高校 ⑤大学　⑥教育委員会　⑦その他（　　　　）
役　職	①教諭　②主任・主幹教諭　③教頭・副校長　④校長 ⑤指導主事　⑥学生　⑦大学職員　⑧その他（　　　　）
お買い求め 書店	

■ご記入いただいた個人情報は、当社の出版・企画の参考及び新刊等のご案内のためにに活用させていただくものです。第三者には一切開示いたしません。

Q　ご購入いただいた書名をご記入ください

（書名）

Q　**本書をご購入いただいた決め手は何ですか**（1つ選択）

①勉強になる　②仕事に使える　③気楽に読める　④新聞・雑誌等の紹介
⑤価格が安い　⑥知人からの薦め　⑦内容が面白そう　⑧その他（　　　　　）

Q　**本書へのご感想をお聞かせください**（数字に○をつけてください）

4：**たいへん良い**　3：**良い**　2：**あまり良くない**　1：**悪い**

本書全体の印象	4—3—2—1	内容の程度/レベル	4—3—2—1
本書の内容の質	4—3—2—1	仕事への実用度	4—3—2—1
内容のわかりやすさ	4—3—2—1	本書の使い勝手	4—3—2—1
文章の読みやすさ	4—3—2—1	本書の装丁	4—3—2—1

Q　**本書へのご意見・ご感想を具体的にご記入ください。**

Q　**電子書籍の教育書を購入したことがありますか?**

Q　**業務でスマートフォンを使用しますか?**

Q　**弊社へのご意見ご要望をご記入ください。**

ご協力ありがとうございました。頂きましたご意見・ご感想などをSNS、広告、宣伝等に使用させて頂く事がありますが、その場合は必ず匿名とし、お名前等個人情報を公開いたしません。ご了承下さい。

まいごのかぎ

斉藤　倫

1	ベンチの手すり
2	あじの開き
3	さくらの木
4	バス停のかん板

バスのダンス
どんぐりの実
動き出してねそべる
空をまう

カードを並べかえて、物語の出来事を整理する。

りいこが不思議なかぎの力を信じたのは、四つの出来事のうち、いつだったのでしょうか。

♥マイナスな気持ち ←→ 暗

・もしかして…
・まさか、ね。
↓さけぶ。悲鳴。
「こんなことになるなんて。」↓ 疑
△信じていたからこそ、かぎ穴にかぎを入れてみたのかもしれない…。
・そんなはずないよね。
・でも、もしかして―。
↓びっくりして見ていた。
「歩くなんておかしいもの。」↓ 疑 信
△信じたい気持ちもあるのでは？

1　2人
2　5人

3　「うさぎの存在」に注目する。

最初と最後の場面でくり返されていることは…。

四つの出来事がくり返されることによって、りいこの気持ちが変容していく作品のしかけを確認した後、もう一つのくり返しである「うさぎの存在」に注目する。

「もし、最後の場面にうさぎが再登場しなかったら？」と投げかけ、伏線として最初に登場したうさぎの存在の意味に迫る。うさぎが登場することで「りいこの嬉しい気持ちがさらに伝わること」や「作品の印象が明るくなること」に気付かせたい。

4　本時の学習の振り返りを行う。

同じような出来事がくり返されると、どんな効果があるかな？

本時で学習した作品の中における「くり返し表現の効果」を確認する。「もしもこの不思議な出来事が1回しか起こっていなかったら…」と、りいこの様子を比較させることでより「くり返し表現」のしかけの効果を実感させたい。くり返し表現があることで、中心人物の気持ちを比較できると同時に、その変容を考えやすくなることを作品の読み取り方としてしっかりと押さえる。他の文学作品の読み取りの際にも「くり返し表現」が出てきた時には、比較することを通して読みが深められることを確認する。

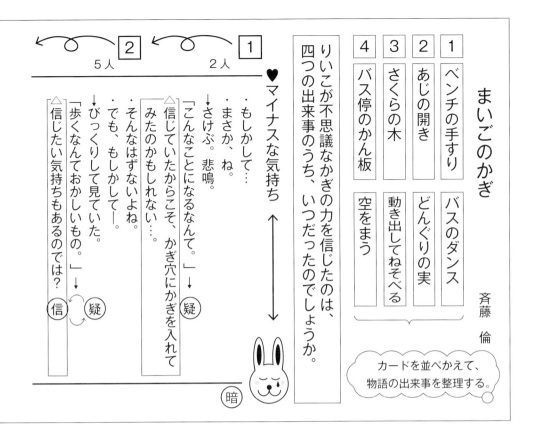

３年

モチモチの木（光村図書・東京書籍他）

東京都・立川市立第六小学校　溝越勇太

私の授業改善プラン

●物語文の学習における「深い学び」

国語科の、特に物語文の学習における「深い学び」とはどのようなものだろうか。私は、「子どもたちが、これまでに習得した知識（読み方）を、繰り返し活用･発揮させることで、特定の状況（作品）にとどまることなく、いつでもどこでも使いこなせるようになっていくような状態を目指すこと」ととらえている。

これからの社会においては、子どもたちが他者と共に様々な問題に立ち向かい、解決方法を探り出していけるような力を育てていかなければならない（田村学著『深い学び』東洋館出版社、2018）。それは、物語文の授業においても大切にしたいことである。

つまり、一方的に知識（読み方）を教え込むだけの授業ではなく、知識を活用・発揮できるような「深い学び」の授業づくりが求められていると考える。

●「主体的・対話的で深い学び」を実現する授業づくり

「主体的･対話的で深い学び」を実現する授業づくりには、3つの原理（「有意味学習」「オーセンティックな学習」「明示的な指導」）がある（奈須正裕著『「資質･能力」と学びのメカニズム』東洋館出版社、2017）。

【有意味学習】

子どもたちは、たくさんの既有知識をもっている。作品の内容に関する知識はもちろん、これまでの物語文で学習してきた「読み方」のような国語科固有の知識ももっている。授業づくりにおいては、このような子どもたちの既有知識との関連付けを意図的に行い、授業を「有意味学習」にすることを意識したい。

【オーセンティックな学習】

オーセンティック（本物の）学習の基本的な考え方は、具体的文脈や状況を含んだ学びをデザインして、知識が現実の問題解決に生きて働くようにする、ということである。現実の社会で物語文（文学作品）を読むことの意義は、自分の生き方について考えることや、人生を豊かにすることではないだろうか。仲間と読みを交流する中で、国語科で身に付けたい「読み方」に気付いていけるようにしたい。

【明示的な指導】

ある教材で「読み方」を学習したからといって、他の作品でもすぐにその「読み方」が使えるかというと、そう簡単ではない。教材や状況に貼り付いた学びを、他の文章読解に活用できるよう自覚化・道具化するためには、明示的な指導が必要である。

1　教材分析

1　育てたい資質・能力

本単元では、登場人物について感じたことや考えたことを共有するという言語活動を設定する。登場人物（特に豆太）の気持ちの変化や性格、情景について、場面の移り変わりと結び付けて具体的に想像できるようにしたい。

また、本作品では、登場人物は常に「語り手」の見方や考え方を通して語られる。このことは子どもの登場人物の捉え方に大きく影響し、意見が分かれることになる。だからこそ、友達の考えを聞いてみたくなり、伝え合う必然性が生じる。友達の意見との共通点や相違点に着目し、自分の読みを深めていく学習を通して、仲間といっしょに粘り強く考えを深めていこうとする態度も育てたい。

2　教材の特性

物語の「はじめ」では、「全く、豆太ほどおくびょうなやつはない。」という語り手の言葉で始まり、豆太は一人でせっちんに行くことができない。「終わり」でも豆太はしょんべんにじさまを起こし、甘えん坊のままである。では、「はじめ」と「終わり」で豆太は変わっていないのか。きっとそうではないだろう。豆太はじさまを助けたい一心で怖い真夜中、たった１人で、半道もあるふもとの村まで走ることができた。「勇気のある子ども」でもあったのである。読み手である子どもたちは、豆太の臆病ぶりを笑いながら、どこか自分と重ね、ほっとした親近感を抱いている。じさまの病気を知った豆太が、泣き泣き走る場面で共感し、「大すきなじさまの死んじまうほうが、もっと怖かったから」では、心が大きく揺れ動くことだろう。

3　単元化のポイント

「有意味学習」のポイント◇　既有知識と関連付ける

これまでの学習や子どもたちの生活体験などと関連付けながら、学習を進める。「自分が豆太だったら」「自分の生活に置き換えると」といった視点で問い返しをしながら話合い活動を行うことで、自分に引きつけながら読めるようにする。

「オーセンティックな学習」のポイント◇　具体的文脈や状況を含んだ学びをデザインする

初発の感想で、子どもたちに読みの疑問を書かせ、全員で共有しておく。その疑問を解決するために読みを交流していく、という文脈で学習を進める。また、読みを交流することの楽しさを実感できるようにする。

「明示的な指導」のポイント◇　読み方は振り返りで整理し、名前を付けて価値付ける

子どもたちが読みを交流する中で、読み方に関する気付きが出てくるはずである。その読み方に名前を付けて価値付けたり、模造紙などに気付いた読み方を書いたりして道具化していく。

2　単元構想（全 12 時間）

単元名

登場人物について、心にのこったことを、自分の言葉で表そう

単元計画

○数字は時数

一次	二次			
①・②初発の感想を書き、交流しよう	③作品の設定（時・場所・人物）をとらえよう【本時】	④登場人物の性格や気持ちをとらえよう	⑤登場人物の性格や気持ちをとらえよう	
○題名を見て、物語の内容を予想する。 ○教師の範読を聞き、物語の概要を捉える。 ○初発の感想を書き、交流する。 ○単元の目標を確認し、学習計画を立てる。 改善ポイント②	○「おくびょう豆太」の場面を読み、豆太のプロフィール帳を書く。 ○作品の設定を確認する。 ○豆太の性格について話し合う。 改善ポイント①	○「やい、木い」の場面を読み、豆太とじさまの関係性をとらえる。 ○モチモチの木に対する豆太の様子を昼間と夜で対比してまとめる。	○「霜月二十日のばん」を読み、豆太とじさまの行動や会話、様子を確認する。 ○「山の神様のお祭り」に対する豆太とじさまの気持ちを読み取る。	

単元の概要

「モチモチの木」は場面ごとに端的に付けられた見出し、魅力的な登場人物、緊張感のある山場の場面、共感しやすい主人公の変容など登場人物の気持ちの変化や性格について場面の移り変わりと結び付けて具体的に想像するという学習内容に適した教材である。3年生のまとめの学習として既習の読み方とつなげて読み進めたい。その上で、自分の解釈を友達と交流し、読みを深めさせたい。

本教材は3年生の子どもでも一読すればおおよそのストーリーがつかめる明快な物語ではあるが、豆太の境遇やじさまの思いなど、じっくり読んでいくと初読では気付かなかった味わい深さが感じられる。学習を通して、学習者自身が自分の読みの深まりを感じることができるだろう。本単元では、さらに、他者との対話によって、自分の読みを問い直していけるようにした。

目標

〈知識及び技能〉様子や行動、気持ちや性格を表す語句の量を増し、語彙を豊かにすることができる。
〈思考力、判断力、表現力等〉登場人物の気持ちの変化や性格、情景について場面の移り変わりと結び付けて具体的に想像することができる。
〈学びに向かう力、人間性等〉登場人物の性格について場面の移り変わりと結び付けて粘り強く想像しようとする。

評価基準

〈知識・技能〉様子や行動、気持ちや性格を表す語句の量を増し、語彙を豊かにしている。((1) オ)
〈思考・判断・表現〉登場人物の気持ちの変化や性格、情景について場面の移り変わりと結び付けて具体的に想像している。(C (1) エ)
〈主体的に学習に取り組む態度〉登場人物の性格について場面の移り変わりと結び付けて粘り強く想像しようとしている。

				三次	
	⑥・⑦登場人物の性格や気持ち、成長をとらえよう	⑧登場人物の性格や気持ちをとらえよう	⑨豆太の心情の変化をとらえよう	⑩・⑪心に残ったことをレポートにまとめよう	⑫レポートを見合い、単元のまとめをしよう
	○「豆太は見た」の場面を読み、豆太の様子や気持ちを読み取る。 ○「霜月二十日のばん」と比較して、豆太の変化について話し合う。	○「弱虫でも、やさしけりゃ」の場面を読み、じさまの豆太への気持ちを読み取る。 改善ポイント①	○豆太がモチモチの木の灯を見た理由について話し合う。 ○豆太の心情の変化について話し合い、図にまとめる。	○これまでの学習を振り返り、豆太について心に残ったことを話し合う。 ○豆太についてのレポートを書く。	○レポートを友達と見せ合い、交流する。 ○交流を通して気付いたことを踏まえて、単元の振り返りを書く。 改善ポイント②

授業改善のポイント

改善ポイント① オーセンテックな学習

初発の感想と単元の終末で「豆太」の人物像について考えることで、自分の読みの深まりを実感できるようにする。また、「豆太はおくびょうか」「豆太は変わったか」など、子どもの読みにズレがおこるような発問をすることで、仲間と話し合う必然性が感じられるようにする。

改善ポイント② 明示的な指導

本単元での評価の重点は、叙述に即して読み、他者と考えを交流する中で、自分の考えを広めたり深めたりすることができたかというところである。単元の冒頭、話し合う前後で子どもが自分の考えを書く場面を意図的にとり、比較していく。さらに、授業後のリフレクションの時間(7分程度)もできるだけとるようにして、子どもの読みの深まりを見取っていく。子どもの気付きを全体で共有し、みんなで読む楽しさや意義も実感できるようにしたい。

3　授業イメージ

1　本時の目標

豆太のプロフィール帳をつくることを通して、作品の設定（時・場所・人物）を捉え、豆太の性格について自分の言葉で書くことができる。

2　授業改善のポイント

「全く、豆太ほどおくびょうなやつはない。」という語り手の言葉から、ほとんどの子どもは作品の設定（時、場所、人物）や豆太の境遇を考えずに「臆病な性格である」と捉えがちである。作品の設定をふまえた上で豆太の性格について話し合いたい。「豆太の歳は？」「どんな場所？」などと直接聞くのではなく、プロフィール帳をつくるという楽しい活動にして間接的に作品の設定を捉える。

豆太はおくびょうか？

おくびょう	おくびょうではない
・一人でせっちんにいけない ・もう五つなのに ・モチモチの木をこわがっている ・「じさまぁ。」	・まだ五つ ・とうげのりょうし小屋↓くらい ・くまがでる（おとうも死んだ） ・一人でせっちんいけなくて当たり前 （自分が豆太でもいけない…）

3　授業の流れ

1　プロフィール帳の項目について確認する

これはなんでしょう？プロフィール帳ってどんなことを書いたらいいかな？

プロフィール帳の一部分だけを見せ、「これはなんでしょう」というクイズにして授業を始める。授業の雰囲気があたたまったところで「今日は豆太のプロフィール帳をつくろう」というめあてを板書し、意欲を喚起する。

「プロフィール帳はどんな項目が必要かな」と問えば、「名前」「年齢」「住んでいる場所」「性格」など作品の設定に関わることが出てくる。

2　豆太のプロフィール帳を書く

豆太のプロフィール帳をつくりましょう。

「おくびょう豆太」の場面を音読する。豆太の挿絵（名刺サイズくらい）をノートの真ん中に貼らせる。その周りに「名前」「年齢」「住んでいる場所」「性格」などの枠をかき、プロフィール帳を作成する。

「その他」の枠を作っておくと自由に書き込むことができ、楽しい活動となる。また、枠をかくことが苦手な子どももいることを想定し、挿絵と枠がかかれたワークシートも準備しておくとよい。

モチモチの木

斉藤隆介

豆太のプロフィールちょうをつくろう

〈プロフィールちょう〉
・名前
・とし
・住んでいる所（場所）
・せいかく
・その他

作品の設定
時　場所
人物　できごと

【とし】
五つ

【名前】
豆太

【せいかく】
・おくびょう
・あまえんぼう
・１人でせっちんに行けない

豆太の挿し絵

【住んでいる所】
・とうげのりょうし小屋
・表にせっちん
・大きなモチモチの木
・くまや青じし

【その他】
・じさまが大好き
・じさまとたった二人（おとうはくまと組みうちして死ぬ）

3 「豆太はおくびょうか」について話し合う

豆太の性格のところに「おくびょう」って書いている子が多いんだど、豆太っておくびょう？

全体で豆太のプロフィールを確認していく。「性格」は、ほとんどの子が「おくびょう」と入れると思われる。そこで、「豆太はおくびょうか」という話題で話し合う。

「おくびょう」と言っているのは語り手であること、歳は五つ、とうげのりょうし小屋、くまが出ることなどを話し合いの中で押さえていく。「自分だったらせっちんにいけるか」という視点でも問い返す。

4 豆太の性格について自分の考えを書く

「豆太はおくびょうか」について自分の考えを書きましょう。

「豆太はおくびょうか」について話し合ったことをもとに、ノートに振り返りを書く。振り返りを書く前に、プロフィール帳に書いた項目の時・場所・人物などは「作品の設定」であるということを明示的に押さえる。

全員が振り返りを書き始められるように何人かに感想を話させ、真似してもよいことを伝える。また、「豆太はおくびょうである（ではない）。なぜなら～」のような型で書いてもよいことを伝える。

3年

ちいちゃんのかげおくり（光村図書）

東京都・葛飾区立梅田小学校　山本純平

私の授業改善プラン

●授業づくりにおける課題

教材研究を深めれば深めるほど、教えたいことが次々と出てくる。短い時間に「あれもこれも」とやりたいことを詰め込んでしまう。

あるいは授業中、「このとき、ちいちゃんは、どんな気持ちですか？」「なんで？どうしてそう思ったの？」と直接的に気持ちを問うていたり、「教科書○ページを開けなさい」「□ページに書いてありますよ」など、直接、教えたいことに強引に寄せてしまうことがある。

聞けば聞くほど、子供が引いていく。だんだん学びへの意欲が薄れていく。なぜなら、そこに、自ら学びに向かう子どもの姿がないからである。すべて教師の「教えたいこと」だけで授業がつくられているからである。

●自ら学びに向かう子供へ

いきなり、自ら学びに向かう子どもは、なかなかいない。教師の手立てが必要である。

まずは、発問を工夫する。例えば、授業や単元のはじめに、誰でも教科書をめくればすぐに答えられる発問をする。教科書に書いてあることを確認するような発問をするのだ。意図して「できる喜び」を味わわせる。

その際、同じような発問でも、少し聞き方を変えることで、子供の受け取り方が変化する。「何ページに書いてありますか？わかる人？」と聞くのと「どこかに書いてあったっけ？」と聞くのとでは、同じ内容を問うていても、やらされている感が違う。私たちは、少しでも子供が主体性を発揮できるように工夫することができるのである。

次に、活動を工夫する。

ゲームや、しかけをしてから授業をスタートさせることは非常に有効である。

ただしこのとき、教師の中で、何のためにその活動をするのかを明確にしておく。それを子供に知らせるかどうかは別にして、教師は当然もっていなければならない。

それにより、同じ活動をしていても、どの意見を取り上げるかが変わってくるであろう。

盛り上げるため、楽しむために活動をしているのではない。国語の力を付けるために行うのであるから、その日の１時間のゴールに向かって、必要な活動を考えたい。

やがて子どもたちは、だんだん「やってみようかな」が、「よし、やろう」に変わっていく。３年生の子供たちが、単元を通して少しでも主体性を発揮できるようにしていきたい。

1　教材分析

1　育てたい資質・能力

○登場人物の気持ちの変化や性格、情景について、場面の移り変わりと結び付けて具体的に想像すること。　（思、判、表　読むこと (1) エ）

この物語が、いくつの場面で構成されているという意識をもたせ、どこからどこまでがどの場面であるか、また、場面の状況を把握する力を付けたい。

さらに、場面のつながりから「何が変わったのか」「どうして変わったのか」を考えられるようにすることも大切である。

○文章を読んで理解したことにもとづいて、感想や考えをもつこと。

（思、判、表　読むこと (1) オ）

場面と場面とを比較しながら読むことで、より深く文学作品を読めるようになることを実感させたい。感想の深まりを実感することで、場面を比較するよさを理解できる。学習の仕方がわかることで、他の教材も主体的に学ぼうとする態度が養われるであろう。

2　本教材の特性

子どもたちにとって、ちいちゃんは幼く書かれているため、人物に同化し過ぎず、全体を俯瞰して読むことができる。そのため、一つ一つの場面の状況をとらえやすい。

教科書では、場面の変化を一行空けることで示している。なぜそこで場面が切り替わるのか、場面が変わる視点（時・人・場）を理解することができる。

3年生にわかりやすく、内容としても惹き付ける力の強い教材であるため、感想を書くことに適している。

3　単元化のポイント

感想を書く活動を軸に置くことで、単元全体を見通しやすくなる。

戦争が激しくなる前と後、戦中と戦後を比較して読めるようにする。同じものを比べると、違いがわかりやすい。「かげおくり」「ちいちゃんの家族」「空の様子」「街の様子」等、それぞれをどのように比べていけば、違いがはっきりするのかを意識する。

そうすることで、曖昧だったものが、はっきり見えるようになる。また、見えなかったことが見えてくる。このとき、深い学びが生まれ、子供たちの感想も深まるだろう。

自ら学びに向かうために、どのようなタイミングで「めあて」を出すかを考えたい。いきなり「場面と場面を比べてみよう」「感想を書いてみよう」では、一部の子供しかついてこられない。比べられる視点がわかってから、感想を書く材料が集まってから、そこから活動できるように、「めあて」を提示し、学習を共有して学びを深めたい。

2　単元構想（全８時間）

単元名

場面を比べながら読み、感じたことをまとめよう

単元計画

○数字は時数

一次	二次	
①物語でどんな学習をしたか思い出そう。 感じたことをまとめよう。	②人物の気持ちや場面の情景を読み取ろう ③第一、二、三場面の色を考えよう ④第五場面の色を考えよう	
○物語でどんなことを学習してきたか思い起こす。「場面／気持ちを考える／登場人物／感想／等」物語のまとまりをさす「場面」という用語は押さえておく。 ○初発の感想を書いたり、発表したりする。その際、「悲しかった。だって最後の場面で…」と用語を使っている子供を評価する。	○黒板に大きく数字を書く。「４→３→１→？」これは、ちいちゃんの家族の人数の変化を表している。誰が残っているのか。なぜいなくなったのか、叙述をもとに確認する。 ○次時は、「この場面を色で表すと何色？」と問うことから始める。青い空だから青。水色。と様々出てくる。叙述をもとに色を考えていれば、何色でもよいことを伝える。一つの場面で複数の色を出す子どもには、どの色が一番強いかで選ぶ。 改善ポイント	

単元の概要

「ちいちゃんのかげおくり」は、場面の変化をとらえやすい教材である。単元を通して、その移り変わりに自然に注目できるようにしたい。場面と場面を比べると、より深く物語を読み味わい、それに見合った感想がもてるようになる。

場面をとらえる際の視点として、ちいちゃんの家族の人数の変化がある。何が変わったから、人数が変化したのかを読んでいく。時間の変化についても同様である。

そして、場面の様子をより深く読むために、色でまとめる活動を行う。

このように進めていくことで、子どもたちは、場面は「時・人・場」などの変化で変わるということを認識できるようになる。また、「場面の移り変わりに注目して読むと、より深く物語を読み味わうことができる」ことを実感する。読み深めることで、最初の感想とは異なる感想をもつだろう。その経験は、次の物語にも生きる「国語の力」となる。

目標

〈知識及び技能〉様子や行動、気持ちや性格を表す語句の量を増し、話や文章の中で使い、語彙を豊かにできる。

〈思考力、判断力、表現力等〉登場人物の気持ちの変化、情景について、場面の移り変わりと結び付けて具体的に想像できる。

〈学びに向かう力、人間性等〉場面ごとの叙述の違いなどに気を付けながら読み、登場人物の行動や気持ちを捉え、感想や考えをまとめている。

評価規準

〈知識・技能〉様子や行動、気持ちや性格を表す語句の量を増し、話や文章の中で使い、語彙を豊かにしている。((1) オ)

〈思考・判断・表現〉「読むこと」において、登場人物の気持ちの変化、情景について、場面の移り変わりと結び付けて具体的に想像している。((1) エ)

〈主体的に学習に取り組む態度〉場面ごとの叙述の違いなどに気を付けながら読み、登場人物の行動や気持ちを捉え、感想や考えをまとめようとしている。

			三次
	⑤第一場面と第四場面のかげおくりの名前を付けよう	⑥第一場面から第四場面と第五場面とを比べよう【本時】	⑦・⑧「ちいちゃんのかげおくり」を読んで感じたことを、理由を明確にして文章にまとめよう
	○「どっちのかげおくりクイズ」をする。 クイズのカードは6時の板書と同様。「何で第一場面と言えるの？」「教科書のどこに書いてある？」「教科書を見なくても分かるの？」このようにステップを踏んで問い返すと、言葉に注目できるようになる。 ○クイズ後は、それぞれの場面のかげおくりに名前を付ける。 改善ポイント	○復習の「どっちのかげおくりクイズ」をし、前時に付けた場面の名前を確認する。 ○第一場面と第四場面の間で、何があったのかを確認する。 ○「今も爆弾が降ってくる？」など戦中と、戦後から数十年たった世界では、何がどう変わったかを比べる。 ○ちいちゃんに手紙を書く。 改善ポイント	○第一場面から第四場面までと、第五場面では、何がどう変わったかを振り返る。 ○第五場面がある場合とない場合の違いを考え、意見を交流する。 ○読んで感じたことを、理由を明確にして感想に書く。 ○感想を読み合い、共感したことやよいと感じたことを伝え合う。

授業改善のポイント

改善ポイント　**聞きたいことを直接的に問わない。**

自分から考えるようになるための手立てを用意する。今回は、場面と場面を比べることで、深い学びを生み出そうとしている。そのために、ゲーム的活動もする。

○「数の変化クイズ（4→3→1→？）」で、場面を意識させている。

○色で場面を表すことで、どんな場面かを主体的に再構成している。

○「どっちのかげおくりクイズ」で、より場面意識を強化している。

○「かげおくりの名前付け」をする過程で、場面を読み深め、それをまとめている。

○叙述を上下に板書することで、視覚的にも比較しやすくしている。

○「どうして、○○が□□になったの？」「ここところの間に何があったんだろう？」「じゃあ、今は、どうかな？」と、「比べる」という言葉を使わずに比べさせている。

3 授業イメージ

1 本時（第6時）の目標

第一場面から第四場面を一つのまとまりと捉え、第五場面と比較することができる。

2 授業改善のポイント

「比べてみよう」と直接問わない。

自然に明確な視点をもって場面と場面を比較できるように発問を工夫していく。

前時に行った「どっちのかげおくりクイズ」と「どんなかげおくり」（かげおくりの名前付け）から振り返ることで、楽しみながら思考のスタートラインをそろえる。

戦争中と戦後を自然と比較できるようになる。

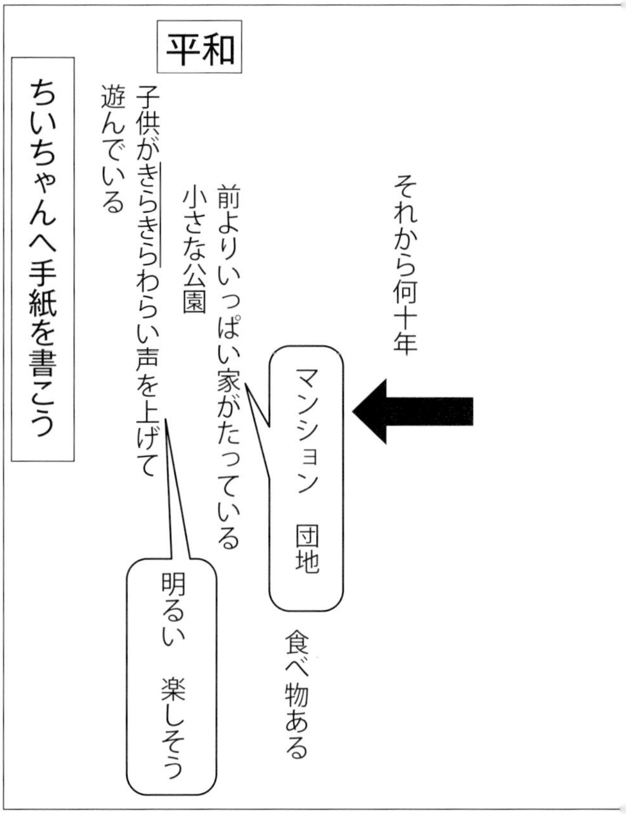

3 授業の流れ

1 前時の復習「どっちのかげおくりクイズ」

どっちのかげおくりでしょう？
どんな名前を付けたっけ？

「どっちのかげおくりクイズ」は、叙述を書いたカード（以下『　』で表記）を出し、それがどの場面かを当てるクイズである。

『青い空を見上げたお父さんが、つぶやきました。』 C「第一場面！」

『お父さんの声が青い空からふってきました。』 C「第四場面！」

カードを場面ごとに分けて、テンポよく黒板に掲示する。それぞれをどんな名前でまとめたかを確認する。

2 変化の原因を考える

第一場面と第四場面では、ずいぶん違うね。この間に何があったの？

前時では、オープンエンドのような形で、いろいろな名前でまとめている。

第1場面を「うれしい」、第4場面を「悲しい」などのように、まとめておくと何を比べるとよいか分かり、考えやすくなる子もいる。

「爆弾で家を壊された」「お父さんが出征した」「空襲で、家族とはぐれてしまった」

叙述をもとにした意見を褒めたり、何ページに書かれているか指差ししたりする。

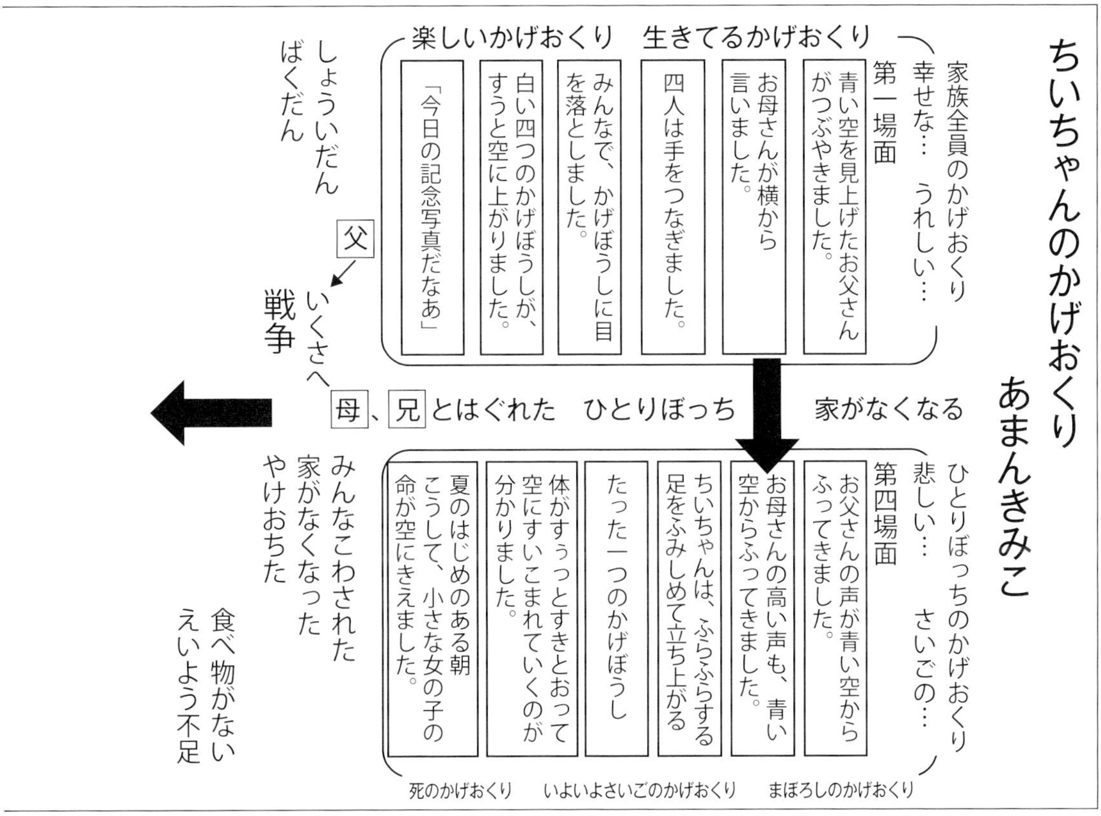
ちいちゃんのかげおくり
あまんきみこ
家族全員のかげおくり
幸せな…　うれしい…
第一場面
青い空を見上げたお父さんがつぶやきました。
お母さんが横から言いました。
四人は手をつなぎました。
みんなで、かげぼうしに目を落としました。
白い四つのかげぼうしが、すうと空に上がりました。
「今日の記念写真だなあ」
楽しいかげおくり　生きてるかげおくり
しょういだん
ばくだん
父
いくさへ
戦争
家がなくなる
ひとりぼっち
母、兄とはぐれた
ひとりぼっちのかげおくり
悲しい…　さいごの…
第四場面
お父さんの声が青い空からふってきました。
お母さんの高い声も、青い空からふってきました。
ちいちゃんは、ふらふらする足をふみしめて立ち上がる
たった一つのかげぼうし
体がすうっとすきとおって空にすいこまれていくのが分かりました。
夏のはじめのある朝こうして、小さな女の子の命が空にきえました。
まぼろしのかげおくり　いよいよさいごのかげおくり　死のかげおくり
みんなこわされた
家がなくなった
やけおちた
食べ物がない
えいよう不足

3 現在の場面と比べる

今は、どうなっているのだっけ？

「それから何十年。」に注目させる。

- 前よりいっぱい家が建っている。
- 公園になっている。
- お兄ちゃんやちいちゃんくらいの子供達が、きらきら声を上げて遊んでいる。

戦時中の発言と対応させると、「爆弾はなくなった」「マンションや団地がいっぱいあるんじゃない」「食べ物もたくさんあると思う」教科書に書かれている以上のことが浮かび上がってくる。

4 戦争中と比較して、感想を書く

天国のちいちゃんに、
手紙を書こう。

「『ちいちゃんのかげおくり』の学習を終えて」で感想を書かせる。単元の初めにもった感想と比較させ、どのように感想が深まったかを意識させると学びが明確になる。

また、「天国のちいちゃんに手紙を書こう」と、ちいちゃんに呼びかけるよう手紙形式で書く方が書きやすい場合もある。

「ちいちゃんの頃は○○だったけれど、今は□□になっているよ。」というように場面の変化にふれているものを評価する。

4年

白いぼうし（光村図書）

東京都・町田市立鶴間小学校　三浦剛

私の授業改善プラン

●「読みの力」が身に付く授業を

国語授業では、かねてから問題視されていたことの一つに、「読みの力」が身に付かないという指摘がある。文学の授業であれば、尚更のことである。鶴田（1990）は、次のように述べている。

> その作品をじっくり時間をかけて深く味わったとしても、それだけで他の文章を理解するときにも生きてくるような普遍的な技術や方法、さらには〈読みの力〉を獲得したことになるのだろうか。
>
> 作品を読んで「わかった」「おもしろかった」「感動した」「考えさせられた」という体験が重要なことは言うまでもない。が、果たしてそれだけでよいのだろうか。
>
> 鶴田清司（1990）『文学教材で何を教えるか　文学教育の新しい流れ』p.13 学事出版

作品を読み味わい、「楽しかった！」という実感をもたせることも必要である。しかし、当該教材を用いて、どのような「読みの力」が身に付いたのかを明示しない限り、「資質・能力の育成」は成り立たない。

この「読みの力」という点において、文学の授業で重要なことは、よりよく読むための方法や技術、観点を教えることである。例えば、「登場人物の気持ちは、情景描写から把握することができる」「物語の山場（クライマックス）では大きな変化が起こる」といったことを明確に教えることである。つまり、楽しく読んだり、考えたりする場を保障しながらも、「情景描写」や「山場（クライマックス）」といった「学習用語」を教え、「読みの力」を身に付けさせる授業を行っていくことが重要である。

●拡散から収束に向かう授業を組織する

読むことの授業で問題となっていることの一つに、意見が拡散し、オープンエンドで授業が終わる…という状況がある。それぞれが意見を述べ合い、交流した結果、論点が散漫になり、「何でもあり」状態で授業が終わってしまうというのは、「読みの力」が身に付かない授業の典型である。当然、解釈レベルで考えていることに「正解」はないが、解釈レベルで拡散していく話し合いを、収束へと向かうように授業を組織することで、「読みの力」を身に付けさせる授業を実現することが重要である。本稿では、そうした授業づくりの観点や、指導の流れを明示していきたい。

1　教材分析

1　育てたい資質・能力

本教材を通して育てたい資質・能力は、「叙述や場面展開を把握することで人物像をとらえる力」である。

会話文や行動描写、場面展開を通して、主人公である松井さんの人柄をつかむことで、他教材にも活用できる「人物像をとらえる力」を育てていきたい。

2　本教材の特性

① 読者の興味を引き付けるファンタジー教材

本教材は、ファンタジー教材であり、現実世界では起こり得ないような出来事が起きるという特徴をもっているが、現実と非現実を行き来する明確な出入り口がないことが大きな特徴として挙げられる。また、「女の子」が姿を現すと「もんしろちょう」は姿を消し、「女の子」が姿を消すと「もんしろちょう」が姿を現すという点から、叙述をもとに、自分なりに解釈する楽しみがある。

② 主人公の人物像

本教材は、行動描写や会話文から松井さんの人物像をとらえられる。最初の場面だけでも、客である「しんし」の問いかけに、「にこにこして」答えている様子や、「あまりにうれしかったので…」と話している様子から、松井さんの温かい人柄を読むことができる。このように、叙述や場面展開から「松井さん」という人物像をとらえられる所も、本教材の大きな特徴と言えるだろう。また、本教材が、シリーズ作品の一つであることから、他作品と読み合わせることで、より詳細な松井さんの人物像をとらえることもできる。

3　単元化のポイント

「主体的・対話的で深い学び」を実現させる授業デザイン

「主体的・対話的で深い学び」を実現させる上で最も重要なのは、「必然性」を軸に授業をデザインすることである。学びの必然性を引き出し、教師が教えたいことを、子どもたちの学びたいことに転化しない限り、「主体的・対話的で深い学び」を実現することはできない。そして、この「必然性」を引き出す上で重要な鍵となるのが、学習課題（発問）である。子どもが前のめりになって考えることを楽しむ問いを投げ掛けられるかどうかで、目指す授業を実現できるか否かが決まると言っても過言ではない。学習課題に焦点を置いた授業デザインを心がけるべきである。

２　単元構想（全７時間）

単元名

主人公の人物像をとらえ、感じたことを交流しよう

単元計画

○数字は時数

一次		二次	
①読後感を交流し、作品の印象を伝え合う。	②物語の設定や場面を確認し、内容の大体をつかむ。	③松井さんの人物像をつかみ、物語の中で起こる出来事を捉える。	
○題名読みをする。 ○教師の範読を聞いた後、疑問に感じたことをもとに、ミステリーメーター を５段階で考える。 ○ペアで交流した後、全体で意見交流し、不思議に思ったことをピックアップし、共有する。 ○単元の終末に「『白いぼうし』作品研究レポート」か「『松井さん』人物研究レポート」をまとめることを確認する。	○全文音読し、場面分けを行う。 ○登場人物を確認し、物語を読んでいく上でのキーパーソンが松井さんであることを確認する。 ○一文要約をする。「『白いぼうし』は、松井さんが○○して○○した話」を使って読んだことを一文にまとめ、交流する。 ○「白いぼうし」の面白さがどこにあるのかを交流する。	○「松井さんは○○（な）人」という定型句を与えて、松井さんの人物像を把握する。 ○ 松井さんがどのような人で、どこからわかるかを交流する。 ○「松井さんが一番○○（した）ことは××」という定型句を与えて、松井さんの身に起きた出来事と心境の変化を捉える。 ○女の子が松井さんの前に現れたのはなぜかを考える。 **改善ポイント①**	
「車のいろは空のいろ」シリーズの並行読書を行う。			

単元の概要

本単元において最も意識すべき点は、初読の段階で抱いた疑問や不思議に思ったことを原動力に、探究する読みを展開していくという点である。第１時では、５段階のミステリーメーターを用いて、読後感を表現する活動を設定している。初読段階で生まれた問いを単元を貫く問題意識としてもたせられれば、自ら考え、読もうとする態度を引き出すことができる。また、第１時では、三次で取り組む「『白いぼうし』作品研究レポート」と「『松井さん』人物研究レポート」について確認する。問題意識をもたせることと合わせて単元のゴールを意識させることで、主体的に学習に取り組もうとする態度を育成できるように促していきたい。

第３時では、人物像を取り上げ、第４時では、ファンタジーという文種がもつ特殊性、第５時では、主題について取り上げている。こうした読みの観点・技能を身に付けながら三次に当たる第６時・７時では、自分の考えを表現できる場を充実させていきたい。

目標

〈知識及び技能〉 文章全体の構成や場面の様子を意識しながら音読することができる。

〈思考力、判断力、表現力等〉 登場人物の人物像、行動や気持ちなどを、叙述をもとにとらえることができる。

〈学びに向かう力、人間性等〉 進んで読み、考え、自分の考えを表現しようとする。

評価規準

〈知識・技能〉 文章全体の構成や場面の様子を意識しながら音読している。((1) ク)

〈思考・判断・表現〉「読むこと」において、登場人物の人物像、行動や気持ちなどを、叙述をもとにとらえている。(C (1) イ)

〈主体的に学習に取り組む態度〉 学習課題に対する自分の考えをもち、他者と積極的に意見を交流している。

			三次
	④ファンタジーの設定について、叙述をもとに考える。	⑤題名をもとに作品の主題について考える。【本時】	⑥・⑦読み取ったことや考えたことをもとに自分の考えを広げる。
	○前時で話し合ったことを振り返り、松井さんの人物像を確認する。 ○女の子の正体はもんしろちょうだったのかどうかについて話し合う。 ○「もんしろちょうだった場合」と「もんしろちょうではなかった場合」の両面から考える。 ○ファンタジー作品のおもしろさをまとめる。 改善ポイント②	○題名「白いぼうし」を行書体・ポップ体・明朝体のフォントで用意し、どれが一番物語の雰囲気にふさわしいかを考える。 ○題名が「夏みかん」でもよいかどうかを考える。 ○なぜ作者は「白いぼうし」というタイトルにしたのかを考える。 ○主題について考える。 改善ポイント③	○「『白いぼうし』作品研究レポート」か「『松井さん』人物研究レポート」のどちらかを選択し、取り組む。 ○ 作品研究と人物研究のそれぞれに分かれて書いたレポートを共有する。 ○共通点と相違点を考えながら学級全体で書いたレポートを共有する。 ○一押し！レポートを選ぶ。

授業改善のポイント

改善ポイント① 定型句を与えて自分の考えを表現できるようにする

第3時では、定型句を与えて松井さんの人物像をとらえたり、松井さんの心境の変化をとらえたりする活動を設定している。定型句を使って表現することで、それぞれがもつ考えの差異が強調され、意見交流の場を活性化させることができる。

改善ポイント② 仮説を立てて考える活動を設定する

第4時では、女の子の正体がもんしろちょうだとしたら、何が証拠となるのか。女の子の正体がもんしろちょうではなかったとしたら、何が根拠になるのか、「もしも…」と仮説を立てながら考えることで、叙述をもとに考える力を身に付けさせることが期待できる。

改善ポイント③ 思考をゆさぶる発問で追究する姿勢を引き出す

第5時では、題名が「夏みかん」でもよいのではないかという問いを投げかけることで作品の主題を追究する姿勢を引き出し、意欲的に考えられるようにしていきたい。

3　授業イメージ

1　本時（第5時）の目標

・題名をもとに作品の主題について考えることができる。

2　授業改善のポイント

初めに、自分がもっている作品イメージに最もふさわしい書体（行書体／ポップ体／明朝体）で書かれた題名「白いぼうし」を選ぶ活動を行う。考えを交流する中で、それぞれが感じている作品の印象を引き出す。

その後、「松井さんにとっては大切なものとして描かれている『夏みかん』が題名でもよいのでは？」という問いを投げ掛け、思考をゆさぶり、「白いぼうし」という題名がもつ本質に迫っていく。

白いぼうし
イラスト

・白いぼうしがあったからこそ
物語がおもしろくなっていった
←「もんしろちょう」と「女の子」
題名は「白いぼうし」であるべき！

題名には、作者の思いがこめられている

◎主題…作品にこめられた作者の思いやメッセージ

3　授業の流れ

1　最もふさわしいと思う書体を選ぶ

すべて同じ「白いぼうし」だけど、どれがこの作品にぴったりだと思う？

前時で考えたファンタジー作品のおもしろさを振り返り、題名を再度確認した後、おもむろに3つの書体で書かれた題名のカードを黒板に貼り、上記の発問を投げかける。

どの書体で書かれたものがよいかを考え、理由も合わせて自分の考えを書く。根拠を挙げながら、明確な理由を書けているかを見取る。全体で意見を交流する際には、根拠と理由を明確にしながら考えを述べることができているかを見取る。

2　題名を変えてもよいかを考える

この物語の題名は「夏みかん」でもよいのではないかな？

前段の活動を通して作品のイメージを膨らませた後に、作品の中で印象的に描かれ、松井さんにとって大切なものとして登場している「夏みかん」を取り上げ、上記の発問を投げかける。

おそらく子どもからは反対の意見が数多く挙がることが予想される。そこで、意見を述べる際には、なぜ「夏みかん」ではいけないのかの理由を、根拠を挙げながら話すように促し、発言内容を見取る。

白いぼうし

あまん きみこ

題名の意味について考えよう

① ふさわしいと思う書体は？

「白いぼうし」
A 明朝体
□□□
・BCに比べて
かたよりがない
←
ふだんの生活

「白いぼうし」
B ポップ体
□□□□
・優しさがある
←
松井さんの
人物像

「白いぼうし」
C 行書体
□□
・不思議な世界を
表現している
かたよりがない
・物語の優しい
合っていない…

作品のとらえ方によって、イメージが変わる

・松井さんにとって大切なもの
この作品の中で重要なもの
←
「夏みかん」でもよいのでは？

夏みかん
イラスト

3 作者の意図を考える

どうして作者は、題名を「白いぼうし」にしたのだろう？

「夏みかん」でもよいという意見、「夏みかん」ではよくないという意見の双方の解釈を受け止めた上で、上記の発問を投げ掛ける。作者が「白いぼうし」という題名に込めた思いが何だったのかを交流する中で、「白いぼうし」が象徴するものや、作品の主題に迫っていきたい。

ここでは、意欲的に話し合い活動に参加しているか、根拠を明確に自分の考えを述べることができているかを見取る。

4 考えた内容を整理する

作品に込められたメッセージを「主題」と言います。

作者の意図を考え交流した後、作品に込められたメッセージを「主題」と表現することを確認する。子どもの実態や、時間にもよるが、最終的に、自分が受け取った主題を書かせる活動を設定したい。「『白いぼうし』の主題は、○○である。」という定型句を与えると活動に取り組みやすくなる。

最終的に書き上げた主題を見取って評価をする。書いている主題が妥当なものであるかどうかを評価の観点とする。

4年

一つの花（東京書籍）

高知大学教育学部附属小学校　田中元康

私の授業改善プラン

●「文学作品を読むこと」の授業における問題点

文学作品を授業で扱うことに、マイナスの思いをもつ子どもはいないだろうか。読書は好きでも文学を扱う国語の授業は嫌だなあと思っている子、教科書をもらったその日のうちに家で読んだのに、また授業で何時間もかけて読むの？と疑問に思っている子。そういう子どもたちは、文学の授業は、話の展開を理解することだと思っているのかもしれない。読書は先の展開を想像しながら読むから楽しいけれど、国語の授業は結末が分かっていることを分かっていないようなふりをしなくてはいけない。そして、ある場面での登場人物の気持ちを想像してみようと教師から問われ、「中心人物はこの時、うれしかったと思います」と答えて授業が進む。このように、「文学作品を読むこと」の授業の目的が、教師と子どもとで乖離してはいないか。もしくは互いに目的をもたずに授業に臨んでいるかもしれないというところに問題がある。私は文学作品の授業の目的を次の３点だととらえている。

Ⅰ：登場人物の心情の変化やその場面の様子を文、文章から読み取る力を向上させること。
Ⅱ：文学作品の表現から場面などを想像し、表現（優れた文学表現、技法など）を学ぶこと。
Ⅲ：文学作品へ感想、考えをもつこと、その考えを交流して、広げること。

Ⅰ（読み取り）は新学習指導要領の「構造と内容の把握」にあたる。アニメと異なり文学作品は多くを文、文章など文字で表現されている。文字から、登場人物の様子、出来事などをイメージする力を付けるのである。Ⅱ（表現からの想像）は現学習指導要領の「精査・解釈」にあたる。文学の表現は作品ごとに特色がある。その表現されている場面を具体的に想像し、高学年ではその効果を知って、自身の表現に活用できるようにする。そして、Ⅲ（考えの形成・交流）は「考えの形成」「共有」にあたる。感想・考えをもち、広げることは、言葉を用いて理解・表現をして生活する私たちにとって必要な力である。

2 「読むこと」授業のデザイン

「読むこと」の授業においては、Ⅰ（読み取り）、Ⅱ（表現からの想像）、Ⅲ（考えの形成・交流）が、それぞれ関係付く活動で単元を構成する。本単元は、Ⅱ（表現からの想像）が主たる目標である。そこでまず、登場人物の行動や人物同士の関係を読み、登場人物の心情を想像する（Ⅰ⇒Ⅱ）。次に、考えたことを交流することを通して、さらに想像する。最後に、表現から想像したことをまとめるという単元計画を立てる。このように、主たる目標を達成するためにそれ以外の項目の活動を構成した単元を組織するのである。

1　教材分析

1　育てたい資質・能力

本単元は、「物語の題名の意味について、物語の中の叙述と結び付けて具体的に考えることができる」ことをねらいとし、重点項目としては、「登場人物の気持ちの変化や性格、情景について、場面の移り変わりと結び付けて具体的に想像すること」（C(1)エ）である。本単元において着目することは、題名の意味である。文学作品の題名は、登場人物の名前であったり、場所の名前であったり、また、中心人物が発する言葉であるなど、多様な付け方がされている。本学習材の題名「一つの花」は、山場の場面に登場する“もの”であり、また「一つ」という言葉は、前半から何度も出てくるキーワードである。題名には、作品を表現するに当たって作者の意図が込められており、題名の意味について考えることで、作品を読み、その世界を深く想像することができると考えた。

2　本教材の特性―働かせたい「見方・考え方」―

本学習材における特性は、登場人物の関係が大きく２つの場面から描かれていること、そして対比の表現が組み込まれていることである。

〈場面〉一場面は戦時中の家族の様子が描かれている。父親と母親、幼いゆみ子の三人家族。そこでは戦時中の厳しい環境の中、互いを思い合う関係が会話や行動を中心に表現されている。それが父親の出征でその関係に変化が起こる。見送りに行った駅で、父親が娘のゆみ子へ「一つの花」を手渡し、思いを伝えている。二場面では、それから十年後、大きくなったゆみ子が母親に言葉をかけながら買い物に行く様子が描かれる。その会話や描写されているものから登場人物の関係を読むことができる。

〈対比〉は「一つだけといっぱい」である。食べ物をねだるゆみ子の口癖である「一つだけ」。父親が出征するときにコスモスの花を手渡す時に言った「一つだけのお花」。そして、最後のいっぱいに咲いたコスモスの花。「一つだけ」は戦争中に出てくる言葉であり、「いっぱい」は平和になって出てくる言葉である。対照的な言葉ではあるが、家族を思う気持ちは共通している。対比的な表現であるが、家族へ思いがこめられた言葉として読んでほしい。

3　単元のポイント

「主体的・対話的で深い学び」を実現させる授業デザイン

単元で学ぶ目的、方法を子どもと教師とが具体的にイメージをして、共有しておくことが必要である。本単元では、題名の意味を単元の導入時と終わりで考えて比較するという具体的な目的、方法を設定している。そうすることで、子どもは学習の見通しをもつことができ、教師は評価をしやすくなる。見通しと評価が授業の中で位置付くことにより、子どもは主体的・対話的に取り組み、結果として学びが深まるのである。

2　単元構想（全 11 時間）

単元名

物語の題名の意味を考えよう

単元計画

○数字は時数

一次		二次	
①②作品を読んで題名についての考えをもち、単元のめあてをつかもう （つかむ）	③～⑦場面ごとに出来事を読み、家族の思いを想像しよう （取り組む１）	⑧個人で物語の題名の意味を考える。 （取り組む２）	
○作品を通読し、題名についての考えをもつ。考えたことを交流する。 ○これまでに学習したことや読書経験を振り返って、題名の意味を考えるという学習課題を明確にし、学習の見通しを立てる。 **改善ポイント①**	○「一つの花」を読み、時間の移り変わりから、戦時中と、十年後の二つの場面で構成されていることを捉える。 ○それぞれの場面での、人物の気持ちの変化を想像する。 **改善ポイント②**	○「一つの花」という題名の意味について本文を読み直す。 ○題名とつながりがあるという部分を本文から見つけて線を引く。 ○ノートに自分の考えた題名の意味を書き、次時の話し合いの準備をする。 **改善ポイント②**	

単元の概要

単元は、「つかむ」「取り組む」「振り返る」の三次で構成する。一次は、単元の見通しを立てる活動をおこなう。通読した後、既習の文学作品の題名も想起させながら、題名「一つの花」の意味を考えさせる。そして、単元の最後にも題名について考えることを伝え、単元の最初と最後で自分の考えに変化があったかをまとめる活動をおこなうことを知らせる。二次は、場面ごとに「一つの花」を読み、人物の気持ちの変化を想像することと「一つの花」という題名の意味について考えたことを友達と伝え合う。友達との交流によって出合った友達の意見に対して、その考えの理解に向かうようにする。そして、三次では、「一つの花」という題名には、どのような意味があると考えたかを振り返り、身に付けた「言葉の力」を確かめる。

目標

〈知識及び技能〉言葉には、考えたことや思ったことを表す働きがあることに気付くことができる。
〈思考力、判断力、表現力等〉物語の題名の意味について、物語の中の叙述と結び付けて具体的に考えることができる。
〈学びに向かう力、人間性等〉学習経験や読書経験から学習課題をもち、見通しをもって登場人物の気持ちを想像し、物語の題名の意味について考えたことを伝え合おうとする。

評価規準

〈知識・技能〉言葉には、考えたことや思ったことを表す働きがあることに気付いている。((1) ア)
〈思考・判断・表現〉「読むこと」において、登場人物の気持ちの変化や性格、情景について、場面の移り変わりと結び付けて具体的に想像している。(C (1) エ)
・「読むこと」において、文章を読んで感じたことや考えたことを共有し、一人一人の感じ方などに違いがあることに気付いている。(C (1) カ)
・「書くこと」において、自分の考えとそれを支える理由や事例との関係を明確にして、書き表し方を工夫している。(B (1) ウ)
〈主体的に学習に取り組む態度〉これまでに学習したことや読書経験を振り返って学習課題を明確にし、学習の見通しをもって、積極的に登場人物の気持ちについて、場面の移り変わりと結び付けて想像し、物語の題名の意味について考えたことを伝え合おうとしている。

		三次	
	⑨グループや全体で物語の題名の意味を考えよう【本時】 (取り組む２)	⑩題名の意味について考えたことを伝え合おう (取り組む２)	⑪題名の意味について考えたことを振り返り、文学作品を読むことについて学んだことを生かそう。 (振り返る)
	○「一つの花」という題名の意味について自分の考えをグループで伝え合い、まとめる。 ○「一つ」という言葉の使われ方や、父親の言葉をもう一度読み直して、家族の幸せや、大切なものがあることを知らせるなど思いが想像できることに気付く。 改善ポイント②	○前時で話し合ったことを振り返り、あらためて考えた「一つの花」の意味をノートにまとめる。 ○まとめるときには、前時の友達との交流でのことを想起し、感じ方、意味の捉え方の違いに気付くようにする。 改善ポイント②	○「一つの花」という題名には、どのような意味があると考えたかを振り返り、身に付けた「言葉の力」を確かめる。 改善ポイント③

授業改善のポイント

改善ポイント①　学びの見通しをもつ

一次では、本単元のゴールを示して、学習の見通しをもつことができるようにする。

改善ポイント②　学びを視覚化する

二次では、読む視点、話し合う視点を示して、何が明らかになればよいのかを明確にしていく。　読み取った登場人物の関係や題名についての考えを視覚的に捉えることができるように、矢印を用いた図やホワイトボードを活用する。

改善ポイント③　学びを自覚化する

三次では、第一次と第二次で考えた題名についての自分の考えを比較させて、言葉でまとめる。第一次と比べての変化が読みの広がりであることを確認していく。

3　授業イメージ

1　本時（第９時）の目標

・物語の題名の意味を考えることができる。

2　授業改善のポイント

○題名についての考えをホワイトボードに書かせ、比較や分類できるようにホワイトボードを移動させる活動を取り入れる。

○移動させたホワイトボードを見ながら、友達がなぜその意味を考えたのか、「一つの花」が出た時の様子などを想起させて説明させる。

〈大切なもの〉　食べ物をほしがるゆみ子に、食べ物より
大切なものがあると知らせたかった。

〈戦争や平和に関係していること〉
こんな戦争はもう二度とないようにしたい。
平和な国になってほしい。
十年後、ゆみ子はコスモスいっぱいの花で生活している。
コスモスは平和な世界を表している。

3　授業の流れ

1　本時のめあてをつかむ

前の時間に、題名の意味をノートに書きましたね。書いたものを交流して、互いの考えを知り合う学習を行います。

本時は、前時でまとめた題名「一つの花」についての考えを交流することをねらいとしておこなう。吹き出しのように、本時のめあてをあらかじめ知らせることで、子どもは本時の学習への見通しをもつことができる。そして、ノートに書いた自分の考えをグループ、全体で話すという本時の活動の流れも同時に知らせるようにする。

2　グループで考えを交流する

グループで考えを交流します。出てきた考えをホワイトボードにまとめましょう。

班で、「一つの花」の意味を出す場を設ける。その際、班に記録係の子どもを決め、出た意見をホワイトボードにできるだけ短くまとめさせる。必要に応じて、教師から、「ゆみ子」といった例を示してもよい。

次に、「命」「平和」などの考えを黒板に貼る。この時、教師はいくつぐらいに分類できそうか見通しをもっておく。例えば、

〈家族への思い〉・〈大切なもの〉・〈戦争と平和〉などである。

一つの花　今西　祐行

考えた題名「一つの花」の意味を交流しよう

〈家族への思い〉

家族を大切にすること

幸せになってほしいというお父さんの思い

〈大切なもの〉

一つしかない大切なもの

命

美しいもの

おにぎりよりすてきなもの

〈戦争や平和に関係していること〉

戦争の時の悲しい思い出

平和のこと

◎友達の考えの理由をさぐろう

〈家族への思い〉出発するお父さんがゆみ子の幸せを願って花をわたしている。

3　ホワイトボードを分類し、題名の意味を考える

出てきた意見は、3つのグループに分けられそうだね。

友達の意見について本文をもう一度読み直して考えてみよう!

黒板に貼られたホワイトボードを分類する。その際、子どもの様子によっては、グループの数や見出しの言葉を教師かから示すことも必要であろう。

分類した後、一人の子どもに、「あなたは美しいものって考えたのだけれど、○○君は幸せにという考えのようだよ。○○君の考えが分かる？」と投げかけ、友達の考えにふれるようにする。その時、本文の叙述を理由に説明する子どもを評価していく。

4　学習を振り返り、まとめる

友達の意見を見て気付いたことを、ノートにまとめましょう。

「3」の話し合いでは一つにまとめるということは行わない。あくまでも、友達の考えにふれ、「その考えも分かる」という声が生まれるようにする。最後の振り返りにおいても、そうした友達の考えに出合ったことで、自分の今の考えがどう変化したのかを振り返らせるようにする。はっきり変化したと書けない子どもには、「考えが二つになった」というのもよいと振り返り方の例を示すのもよい。

４年

ごんぎつね（光村図書・東京書籍・教育出版・学校図書）

立教小学校　安達真理子

私の授業改善プラン

●物語作品を評価する「目」を磨きたい

物語とは、何だろうか。人は、なぜ物語を読むのだろうか。なぜ物語を読む必要があるのだろうか。オーセンティックな学びやコンピテンシー・ベイスの授業が目指される昨今、このような根源的で本質的な問いを求めたい。物語は、その人の心の在り様を築き、支えるための想像力を養うものだと、筆者は考える。物語の中に描かれる人間模様や情景を読むことによって、喜びや悲しみ、切なさややるせなさも含めた様々な心情を想像し、共有し、理解することが促される。それらを自己の中に蓄えて資産とすることで、人としての在り様を創造・構築することができるのである。従って、「学びに向かう力、人間性等」という資質・能力が新設された今改訂において、物語は、人の心情を想像し、人間性を豊かに育む可能性を有する、価値ある教材だと言える。

では、物語教材の価値を生かすために、どのような物語の見方・考え方、「読み」の資質・能力を育成すべきであろうか。それは、物語という虚構作品を洞察し評価する力、つまり、物語のよさを見いだす「目」を養うことである。本教材「ごんぎつね」は、虚構作品としての物語性に富み、文学的な価値に溢れている。そのよさ、味わい深さを的確に見極められるよう、読者として作品を俯瞰し、価値を評価する「目」を磨きたい。

●虚構作品としてのよさを共に「鑑賞」する対話・交流を行いたい

物語は、作者によって虚構された芸術作品であるから、一人ひとりがその価値を発見し、好意的に評価する「鑑賞」という読みの方法がふさわしい。そして、その個別的で個性的な鑑賞を、授業の中で対話・交流させることによって、様々な価値を認め、求め合う探究活動へと発展する。つまり、見方や感じ方が異なる一人ひとりの読みを交流させて、物語の価値を複合的・重層的に発見させるのである。「一人では気付くことができなかったけれど、友達と一緒に読んだから、もっと、よさに気付くことができた」という協働による鑑賞が生まれることをねらいとするのである。対話・交流の後には、「今日の授業では、誰のどのような意見がよかった？」と問い、互いの鑑賞に対する意見や考えのよさも相互に評価する。すると、「友達の意見のお陰で、自分では気付かなかった読みのよさを知ることができた」と発見することもできる。物語作品の価値、それを鑑賞する自分と友達の読みの価値、対話・交流活動による協働鑑賞の価値、物語のよさを伝える表現物を互いに鑑賞する価値。多くの価値との出合いにより、物語のよさは、さらに複合的、重層的に鑑賞されていく。これが、筆者が考える、物語を学び合うことの意味である。

1　教材分析

1　育てたい資質・能力

○物語のよさ（価値や特性）を鑑賞する力
○語り手の視点に立って、登場人物の行動や心情を読み、視点や心情の変化を想像する力
○自分の読みと友達の読みを比較交流し、評価しながら、よりよい読みを探究する力

2　教材の特性

① 伝承物語（語り継がれる物語）

「わたしが小さいときに、村の茂平というおじいさんから聞いたお話」という設定で、語り継がれてきた伝承物語であることを示している。なぜ、どのように伝承されてきたのかを想像し、物語を俯瞰して考えることができる。

② 民話的な語りと色彩豊かな情景描写

本教材が愛され続ける理由の一つに、民話のような牧歌的な語りと村里の美しい情景描写が挙げられる。4年生には馴染みのない表現が多いが、それが学びのチャンスになる。

③「ひとりぼっち」同士の交わりきれない切なさ・悲劇的な結末

ひとりぼっちの小ぎつね「ごん」は、おっかあが死んでひとりぼっちになった「兵十」に心を寄せ、自分が行ったいたずらの償いを毎日繰り返し、理解されることを求めるが、「兵十」に火縄銃で撃たれるまで気付いてもらえなかった。すれ違いのもどかしさ・死をもって漸く成就する「ごん」の願いが、読者に切なさや悲しみをもたらす。

④ 視点の転換（「ごん」の視点から「兵十」の視点へ）

「一」～「五」と「六」場面3行目までは、「ごん」の視点に寄り添うように描かれるが、その後「兵十」視点に転換する。語り手が、登場人物の「目」（視点）を通したアングルで語る構造から、クライマックスで展開される出来事の悲劇性が強調されている。

3　単元化のポイント

「主体的・対話的で深い学び」を実現させる授業デザイン

本教材は、時代・場所・人物の設定に現代社会と異なる要素が多く、内容の把握に時間を要する。それを逆手にとって、「わからない部分を、みんなで謎解きしながら読んでいこう！」と促すと、主体性を担保し、対話に基づいて、物語の魅力を共に鑑賞することができる。まず、最初の一文から意味がわからないだろうと思われるので、伝承物語という構造を伝え、伝承された意味を考える。語り手が、誰の視点に寄り添いながら語っているかを軸にして読むと、視点が「ごん」から「兵十」に変わるポイントから、クライマックスが明らかになる。また、「ごん」と「兵十」の立場の違いや、「ひとりぼっち」という共通点、「ごん」の気持ちの高まりに気付くこともできる。このように、語りの構造と悲哀の心情・表現の美しさが融合された物語の価値を、共に紐解き、深い読みを実現させたい。

2　単元構想（全７時間）

単元名

語り手の視点に着目しながら登場人物の心情の変化を想像し、物語のよさを見つけよう

単元計画

○数字は時数

一次	二次	
①物語の感想を伝えよう（どこがよかった？最後をどう思った？など）	②最初の一文の意味を考えよう（謎解き①）	③語り手が、誰に寄り添って見ているか考えよう（謎解き②）【本時】
○本文を読み、物語の第一印象や、結末に対する感想・疑問を伝え合う。【特性③】 ○本文を読んだ後に、「悲しい」「切ない」「うれしい」「美しい」等のキーワードに、自分の思いを重ねて表す。結末については、自由に語り合う。	○「わたしが小さいときに、村の茂平から聞いたお話」の意味を考える。【特性①】 ○「わたし」という語り手の存在と語り継がれた物語という設定を知る。なぜ「ごん」の話を語り継ぐことになったのか想像し、意見交流する。 改善ポイント① 改善ポイント②	○登場人物の人物像を確かめ、語り手が誰の目から見て語っているかを考える。【特性④】 ○会話文や行動から、場面ごとに視点人物が誰かを探り、「六」場面での視点転換の意味や効果（なぜ最後に「兵十」側に変わるのか？）を考える。 改善ポイント① 改善ポイント②

単元の概要

物語のよさを発見する（鑑賞する）ことを目標に、読者として全体を俯瞰し評価する読みを貫く。伝承物語であるという特性から、語り手の視点に着目し、登場人物の誰に寄り添って語っているか（「ごん」か「兵十」か）を、読みの方法とする。「六」場面４行目から視点が「兵十」に転換する理由（意味・効果など）を考えると、クライマックスでの「ごん」の悲しさや切なさが、一層深まることが分かる。また、大部分は「ごん」視点で描かれているので、「ごん」のつぶやき（会話文）や行動をもとにして、「ごん」の「兵十」に寄せる思いの強まりや高まりを想像することができる。

「ごん」の心情の変化を想像する上で、悲しさや切なさを強く醸し出している表現を探し求め、色彩豊かな情景描写の美しさや抒情性を発見することも重要である。それらがまさに、「ごんぎつね」という名作の価値・特性である。三次では、自分が感じる物語のよさを２～３点挙げて、ポスター（またはリーフレット）に表現し、鑑賞し合う。

目標

〈知識及び技能〉語りや情景描写の効果を理解し、語彙を豊かにすることができる。
〈思考力、判断力、表現力等〉登場人物の気持ちの変化や性格、情景について、場面の移り変わりと結び付けて具体的に想像することができる。
〈学びに向かう力、人間性等〉進んで物語のよさを見つけ、表現しようとする。

評価規準

〈知識・技能〉語りや情景描写の効果を理解し、語彙を豊かにしている。((1) オ)
〈思考・判断・表現〉「読むこと」において、登場人物の気持ちの変化や性格、情景について、場面の移り変わりと結び付けて具体的に想像している。(C (1) エ)
〈主体的に学習に取り組む態度〉進んで物語のよさを見つけ、表現しようとしている。

			三次	
	③「ごん」の思いは、どの様に強まっていったか考えよう（謎解き③）	⑤「悲しいな」「きれいだな」と感じさせる文や言葉を探そう（謎解き④）	⑥物語のよさ（好きになった点）を伝えよう（表現物の作成）	⑦物語のよさが表れている作品を評価しよう（表現物の鑑賞）
	○「ごん」が「兵十」に寄せる思いは、いつから、どの様に強まったのか考える。【特性③】 ○「ごん」のつぶやき（会話文）や行動をもとに、「ひとりぼっち」の共感、償いの繰り返し、理解されたい気持ちの変化等を想像し、話し合う。 改善ポイント① 改善ポイント②	○すれ違いの悲しさや物語の美しさ（物語のよさ）を醸し出す表現を探す【特性②】 ○各自が悲しさや美しさを感じる表現を抽出し、理由付けをして語り合う。色彩豊かな情景描写等を掘り起こすことがきるように促す。 改善ポイント②	○学んできた物語のよさを、ポスター（またはリーフレット）に表現する。【特性①～④】 ○自分にとっての物語のよさ（好きな点）を、2～3ポイント挙げて、まとめる。ポスターまたはリーフレットを選択し、絵と文章で表現する。	○出来上がった表現物の鑑賞会を行う。 ○物語のよさとして挙げたポイントとその理由等を、互いに評価し合う。共感できる点は、コメントとして付箋に書き、その作品（ポスターまたはリーフレット）に添付する。

授業改善のポイント

改善ポイント① 語り手の存在を視野に入れる

物語を芸術作品の一つとして評価し鑑賞するためには、物語全体を俯瞰して読むという姿勢が必要である。その際、物語を語る語り手の存在は、登場人物と読者の仲介役として重要になる。語り手の視点がどこにあるのか、「ごん」に近いのか、「兵十」に近いのかを想像しながら読むという方法は、身に付けさせたい物語への見方、資質・能力である。

改善ポイント② 謎解きやよさの発見を目的とした対話・交流

物語には特定の万能な読み方がある訳ではなく、不思議だと感じること（謎）を一緒に解明しようとしたり、「きれいだ」「すてきだ」と感じる所を一緒に探したりする対話・交流によって、深い学びが導き出される。教師が決めた問いの答えを、子どもが探り当てるような授業では、学びへの主体性・対話性も、深まりも生まれない。よく分からない叙述について、少しずつ謎を解き、よさが見えてくると、読む意欲と自信が身に付くだろう。

3　授業イメージ

1　本時（第3時）の目標

語り手が、誰に寄り添って語っているか考えよう

2　授業改善のポイント

前時の「最初の一文の意味を考えよう」の授業を受けて、語り手の存在とその目線（視点）を意識して、物語を読む。途中で視点が変わる物語は珍しく、その謎（理由や効果）を解くために話し合う。導入時、「兵十」と「ごん」の「撃つ／撃たれる」の関係を押さえておくことで、最後の場面で起こる悲劇と視点の転換とのつながりが見えてくるだろう。物語の悲しみの深さを構造的に実感できるよう、読み深めたい。

「六」 兵 「ようし。」火縄じゅうを取って、火薬をつめました。
「おや。」と、びっくりして、ごんに目を落としました。
「ごん、おまえだったのか。いつも、くりをくれたのは。」

兵十

ごんにいたずらをされたおっかあが死んでひとりぼっちごんをうってしまう

なぜ、兵十にかわるのかな？

3　授業の流れ

1　主たる登場人物の人物像を確かめる

この物語の中で、大事な登場人物は誰と誰？どんな人？

C:主役は「ごん」。次に大事なのは「兵十」。
C:「ごん」は、いたずらばかりしていたひとりぼっちの小ぎつね。一生懸命償いをしたけれど、「兵十」に分かってもらえなくて、銃で撃たれてしまった。
C:「兵十」は、いたずらをされていたので「ごん」に恨みがあり、贈り物に気付かずに撃ってしまった。
＊「ごん」と「兵十」の物語であり、「ごん」は「兵十」によって命が奪われるという関係で、結末を迎えることを確かめる。

2　語り手の視点を考える

語り手「わたし」は、「ごん」「兵十」のどちらに寄り添って語っている？

C:「ごん」だと思う。「ごん」がしたことや思ったことをたくさん書いているから。
C:初めからずっと「ごんは思いました」と「ごん」の気持ちが書かれているから「ごん」。
C:でも、全部ではない。最後の場面は「兵十」の気持ちが書かれていて、物語が終わる。「六」場面は「兵十」が中心。なぜかな？
＊会話文を手掛かりにして（抽出して板書）、誰に寄り添っているかを判断する。できれば、視点の転換点（一文）も探す。

ごんぎつね

新美　南吉

◎語り手が、だれによりそって語っているか考えよう

ひとりぼっちの小ぎつね
いたずらばかりしている

ヒントは「会話文」

場面　ごん「ごんは、…と思いました。」（思ったこと）

「一」ご「兵十だな。」

「二」ご「ふふん、村に何かあるんだな。」
「何だろう。秋祭りかな。…」
「ああ、そう式だ。」
「ははん。死んだのは兵十のおっかあだ。」
「兵十のおっかあは、とこについて、うなぎが…
ちょっ、あんないたずらをしなけりゃよかった。」

「三」ご「おれと同じ、ひとりぼっちの兵十か。」
うなぎのつぐないに、まず一つ、いいことをしたと思いました。
「これはしまった。」

「四」ご「お念仏があるんだな。」

「五」ご「へえ、こいつはつまらないな。」
「おれが、くりや松たけを持っていってやるのに…
おれは、引き合わないなあ。」

3　視点の転換について考える

なぜ、ずっと「ごん」に寄り添っていたのに、「兵十」に変わったのかな？

C：最後の場面は、「ごん」が死んじゃって、「ごん」の気持ちは語れなくなっちゃうからかな。

C：「ごん」を撃ってしまった「兵十」の気持ちの方が大事だからかな。

C：「兵十」はきっと後悔が強かったから。

C：「ごん」が一番悲しい場面だから。

＊小グループで話し合い、全体へ広げる。「一」～「五」に「ごんは思いました。」と書かれた会話文が多く、語り手が「ごん」の心情を代弁していることに着目したい。

4　話し合いを振り返る

今日学んだことの中で、誰の、どんな意見がよかった？それは、なぜ？

C：○さんの「『兵十』はきっと後悔が強かった」という考えに賛成。勘違いして「ごん」を撃たなければよかったと自分を責めていると思うから。

C：○さんの「『六』は『ごん』にとって一番悲しい場面だから」という意見が心にしみた。自分も「ごん」の側からはつらくて語れないので、「兵十」の方に変えたのかもしれないと思うようになったから。など

＊ノートに書いた後、口頭発表してもよい。

5年

たずねびと（光村図書）

都内私立小学校　笠原三義

私の授業改善プラン

●国語授業における「読むこと」授業の問題点

私は、先行研究※や自身のこれまでの指導の実感から以下の四つの問題に整理している。

①あいまい問題（指導内容、学習用語の定義、日常読書との違い、読みの力の実感等）
②見えない問題（読めているのか、単元間また6年間の系統性、既習と未習、教材の特性等）
③バラバラ問題（既習であるはずの指導事項の定着度、基本的な学習技能の運用の仕方等）
④つまらない問題
（教師の知識の押しつけ、言語活動ありきの単元計画、発達段階やレディネスに対する配慮の欠如等）

これらの問題点への対応策として、授業者として現在のところの考えを以下に示す。

※は「筑波発読みの系統指導で読む力を育てる」（2016）に詳しい

●問題を解決し、深い学びを生む「3A」のある授業デザイン

上述の問題を解決し、深い学びをもたらすために教材を使って子どもの感情を揺さぶり、自分事になることを支援する「3A」のある授業デザインを提案する。

まず一つ目のAは、「あるある！」である。これは、授業の導入においては既習の知識と結び付ける事である。子どもの興味を喚起し、学習の土俵にのせたい。また、授業の終末においては、別の事象とのつながりの予感をもたせ、教科や単元を超えて学習内容や技能を転移させていく視点をもたせたい。

二つ目は「あれあれ？」である。これは、授業のなかで、子どもの課題意識を引き出し、授業を自分事にすることである。子どもにとって取り組みたい動機付けになり、授業に前のめりに取り組ませることになる。そして、終末では、他にもこれまでにも同じような事があったとの既習事項とのつながりの発見において「あれあれ！」いう呟きで表出させたい。

三つ目は「ああ～」である。授業の中盤においては、友達の意見に対して共感的に寄り添いながら、対話を通して様々な発見をしてほしい。そして終末においては納得を示す言葉として表出させたい。

これらの三つの感嘆詞「A」が、単元の計画や授業の中に様々なしかけやファシリテーションを通じて発現する授業デザインによって、感情と結び付いた発見や納得のある「深い」学びを実現させていきたい。

1　教材分析

1　育てたい資質・能力

○行動や情景、心情を表す言葉に着目して、人物像や物語の全体像をとらえる力(知識及び技能)
○登場人物の心情の変化や物語の全体像から感じたことや考えたことを伝え合う力
(思考力、判断力、表現力等)
○粘り強く物語の全体像を具体的に想像し，学習の見通しをもって，物語に対する思いや考えを伝え合おうとする力　(学びに向かう態度、人間性等)

2　本教材の特性

①作者の思いが様々な人物や「綾」が出会うもの（場所）の中に込められている。
②中心人物の「綾」が学習者と同じ 11 才であり、自分を重ねて読み進めやすい設定。
③「綾」の心情が物語の中で大きく変化し、物語の全体像をとらえやすくなっている。
④「綾」の心情が様々なものに投影されて、繊細な情景描写として表現されている。

上記の②と④を生かす単元計画を設定することで、単元の目標である③の達成が可能となるだろう。そして、①に気が付くことも可能となるだろう。

3　単元化のポイント

「主体的・対話的で深い学び」を実現させる授業デザイン

単元の導入では、「たずねびと」という題名に着目させ、たずねる(訪ねる・尋ねる・訊ねる)といった言葉から感じる複数のイメージ出し合う。その中で、自分がイメージしていなかった「たずねる」という事について「あれあれ、思っていたのと違うなあ」「ああ～、それもあるね。」と共感的に全体で共有する中で、動作化なども通じてつながりをもたせたい。また、単元の展開部では、中心人物である「綾」の心情の変化と、心情の変化をもたらした出会いを味わい、物語の全体像をとらえさせていく。物語自体が綾の一人称視点で描かれている事から、「この考え方、あるある」と綾に同化したり、「あれ、自分と違うな？」と異化したりしながら、共感的に心情の変化をとらえさせたい。物語の導入部から展開部までは綾の心情が会話文やモノローグ（独り言）の形で表出しているのに対して、後半部から終末部では、行動や情景などに綾の心情は仮託されて表現されている。これらの心情表現を子どもたちは感覚的にとらえながら読み進めているが、ここでは、どの叙述からその心情を感じる事が出来るのかを説明できるようにしたい。

単元の終末部においては、本教材で身に付けた力が今後の学習や生活のどの場面で生かせそうか、「あるある」「あれあれ！」「ああ～！」とつながらせることで、得た知識や技能の有用性を確かめ、言葉による見方・考え方のよさを感じさせたい。

2　単元構想（全６時間）

単元名

物語の全体像をとらえ、考えたことを伝え合おう

単元計画

○数字は時数

一次	二次	
①学習課題を確認し、物語の概要をおさえよう	②綾の前に表れたものや人物を確かめて、それぞれの場面の心情を確かめよう	③物語全体を通じた「綾」の心情の変化について考え、まとめよう。【本時】
○単元の扉を読み、「たずねびと」という題名からどのような物語かを想像する。 ○全文を通読して感想や考えをもち、単元の学習課題「物語の全体像をとらえ、考えたことを伝え合おう」を設定する。 改善ポイント①	○それぞれの場面で、「綾」が、言った場所や出会ったものや人物を挿絵をもとに整理する。 ○それぞれの場面での綾の心情について、センテンスカードを利用して話し合う。 改善ポイント②	○前時の学習で利用した挿絵やセンテンスカードを使い、「綾」に一番影響を与えた出来事について話し合う。 ○物語全体を通した「綾」の心情の変化と影響を与えたものついて、図解してまとめる。 改善ポイント② 改善ポイント③

単元の概要

本教材の学習を通じて、物語の全体像を捉えるために、特に押さえたい特徴は以下の2点である。

①中心人物である「綾」の一人称視点から物語が描かれ、読者が物語の中で同年代に設定された「綾」自身と重ねて広島での出会いを追体験しやすい設定であること。

②初めの場面では独白のダッシュ（—）が多用され、共感的に綾の心情を追うことが容易であるのに対して、徐々に「綾」の心情が露わに描かれなくなり、最後の場面では、綾の心情が行動や情景に仮託されて描かれていること。

これら二つの特徴を生かすために、第1時から4時までは、綾の心情を丁寧に追い、共感的に心情を押さえさせたい。特に3、4時では情景に仮託された綾の心情を解釈していく為に、判断や評価を伴う発問を行う。「この綾の気持ち分かる？」と読者自身の思いを問うことで、第5時の自身の変化への気付きにつなげていきたい。これらの学習過程を通じて、物語の全体像を捉えることができるだろう。その上で、６時の交流活動での考えの伝え合いを充実させることで、単元のねらいを達成していく。

目標

〈知識及び技能〉語感や言葉の使い方に対する感覚を意識して、語や語句を使うことができる。

〈思考力、判断力、表現力等〉人物像や物語などの全体像を具体的に想像したり、表現の効果を考えたりすることができる。

〈学びに向かう力、人間性等〉粘り強く物語の全体像を想像し、物語に対する思いや考えを伝え合おうとする事ができる。

評価規準

〈知識・技能〉語感や言葉の使い方に対する感覚を意識して、語や語句を使っている。((1) オ)

〈思考・判断・表現〉「読むこと」において、人物像や物語などの全体像を具体的に想像したり、表現の効果を考えたりしている。(C (1) エ)

〈主体的に学習に取り組む態度〉粘り強く物語の全体像を具体的に想像し、学習の見通しをもって、物語に対する思いや考えを伝え合おうとしている。

		三次	
	④最後の場面について、一つ一つの表現に注意して読み深めよう	⑤「たずねびと」を読んで変化した自分の気持ちや考えについてまとめよう。	⑥「たずねびと」を読んで変化した自分の気持ちや考えについて、友達と交流しよう
	○最後の場面が無くてもよいかを提案することで、場面に込められたメッセージや情景描写の巧みさを読み取る。 ○自分だったら、橋の上で、どんなことをするか、綾になり切って動作化し、思いを呟く活動を行う。 改善ポイント③ 改善ポイント④	○「たずねびと」を読んで綾との共通点や相違点を考えながら、自分の気持ちや考えを書く。 ○文中の言葉を引用したり、根拠となる叙述を指摘させたりしながらまとめさせる。	○異なる観点で考えをまとめていたり、同じ観点でも感じ方や根拠としていることが異なったりする子ども同士をグループにする。 ○グループで考えを交流する。 ○単元全体を振り返る。

授業改善のポイント

改善ポイント① 題名から「問い」をつくる

「たずねびと」という象徴的な題名から、「だれが、だれをたずねているのか」「たずねびとに綾は会うことができたのか」「たずねて何に出会ったのか」などと単元全体への大きな問いをつくる。

改善ポイント② センテンスカードの活用

挿絵や綾の心情表現を抜き出したセンテンスカードを使用することで、課題や思考を視覚化、焦点化し、場面ごとの綾の心情の変化をとらえやすくする。

改善ポイント③ 理解を深める表現活動

中心人物の綾への共感的理解を深めるために、動作化や劇化などの表現活動を行う。

改善ポイント④ 授業参加を促す発問

「一番影響を与えた出来事は？」「最後の場面はいらないか？」など、評価や判断を迫る発問を使い、授業への参加を促す。

2 授業イメージ

1 本時（第３時）の目標

「つぶやき→3A 読み」の活動を通じて、綾の心情をとらえ、物語全体を通した、心情の変化をまとめることができる。

2 授業改善のポイント

この教材には、前半に比べて後半になるほど綾の心情が直接描かれなくなるという特徴がある。そこで、直接心情を問うのではなく、綾の行動や言動をセンテンスカードで提示し、注目させせたい表現をピックアップする。それを土台に、綾になり切ってつぶやく活動を行う。このことによって、綾の気持ちに共感的に寄り添って、心情を追うことができ、物語全体を通じた綾の心情変化を確かめることに繋げていく。

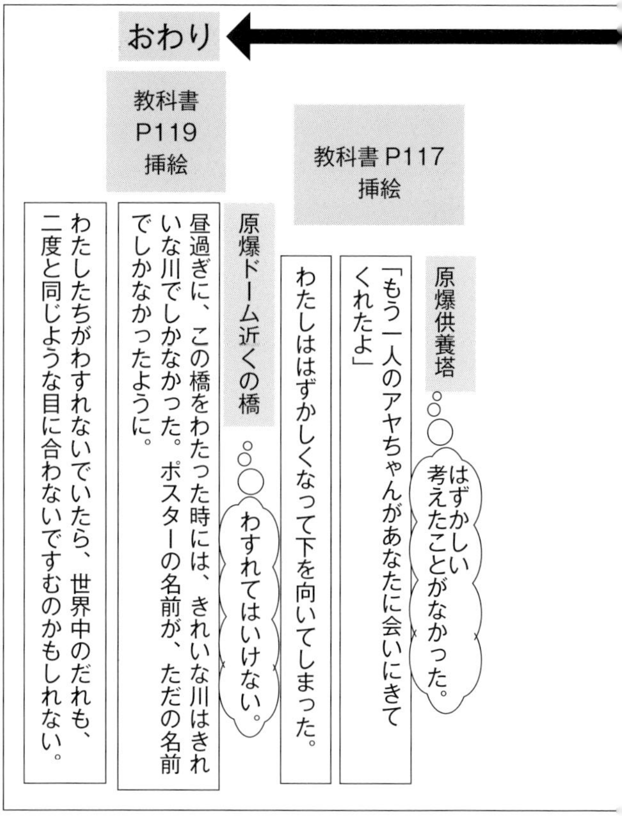
おわり
教科書P117挿絵
原爆供養塔
はずかしい
考えたことがなかった。
「もう一人のアヤちゃんがあなたに会いにきてくれたよ」
わたしははずかしくなって下を向いてしまった。
教科書P119挿絵
原爆ドーム近くの橋
わすれてはいけない。
昼過ぎに、この橋をわたった時には、きれいな川はきれいな川でしかなかった。ポスターの名前が、ただの名前でしかなかったように。
わたしたちがわすれないでいたら、世界中のだれも、二度と同じような目に合わないですむのかもしれない。

3 授業の流れ

1 綾が出会ったものや人物を挿絵で確認する

物語のあらすじをペアで確認しよう。

前時に使用した挿絵や場所を表す短冊を黒板に提示し、綾が出会ったものを確認する。その後、綾の言葉や行動の書いてあるセンテンスカードを提示して、どこに当てはまるかを確認しながら、貼り付けていく。

その上で、挿絵、場所を表す短冊、センテンスカードを見たり指さしたりしながら、ペアで物語のあらすじを確認する。綾の気持ちが揺れ動いていること、広島へ行く前後で大きく変化していることを確認する。

2 劇化して、綾の気持ちを確かめる

それぞれの場面での心情を、綾になって「つぶやき→ 3A 読み」をしてみよう。

ペアになって、一人がセンテンスカードを読み、もう一人が綾になってその場面での心情をつぶやく「つぶやき読み」をする。それに対してもう一人が「あるある（同じ！）」「ああ～（納得！）」「あれあれ（ちょっと自分と違う！）」と反応をする。そしてその上で、お互いにどうしてそうつぶやいたのかを確認する。

説明をする際には、教科書の叙述を根拠に話すことを指導する。ペアでの活動後に、全体で意見を交流し、板書する。

たずねびと

朽木 祥

綾の考えを一番変えたのはどの場面？

綾の挿絵

はじめ

教科書 P107 挿絵

駅の構内のポスター

―どうしてだれも、この子のことを覚えていないのかな

夢の中・家での会話

教科書 P108 挿絵

綾は、もう一度ポスターを見に行くことに決めた。

原爆ドーム・平和記念資料館

ひどい。知らなかった。

教科書 P111 挿絵

秋の空は高く青くすんで、ゆったり流れる川にも空の色がうつっていた。

「あなたは知らなかったの」と問いかけてくるような気がした。

きっかけ

教科書 P113 挿絵

追悼平和祈念館

ショック 本当にいたんだ。

スロープを下りて入っていく追悼平和祈念館は、ひっそり静かだった

教科書 P114 挿絵

綾は、もう一度ポスターを見に行くことに決めた。

3 課題を設定する

綾が一番変化するきっかけとなったのは広島のどの場面ですか？

広島での４つの場面の中から、変化のきっかけとなった場面を検討する。

まず、どの場面かについて挙手やマグネットシートなどで意思表示をさせ、ペアで話し合う時間をとる。その上でノートにそのように思った理由を書かせて発表させる。

理由を書かせる際には、センテンスカードを手がかりに、綾の心情を考えるときに着目する表現（行動描写、心情描写、会話、情景描写）などを根拠として挙げた上で、心情を感じることが出来る理由を書かせていく。

4 綾の気持ちの変化を、図解してまとめる

綾の気持ちの変化を、隣同士で挿絵を見ながら説明しましょう。

挿絵と板書したつぶやきをもとに、既習の学習を想起させて物語を「はじめ、きっかけ、終わり」に図解して分けさせる。綾が、「初めはどうしてだれも覚えていないのかわからなかったけど、広島での出会い、特に～という出来事を通じて、私たちが忘れなければ二度とこういうことが起きないのではないかと思うようになった話」の「～」部分とその理由を語り合う。

ペアでの語りを踏まえた上で綾の心情の変化をノートにまとめさせる。

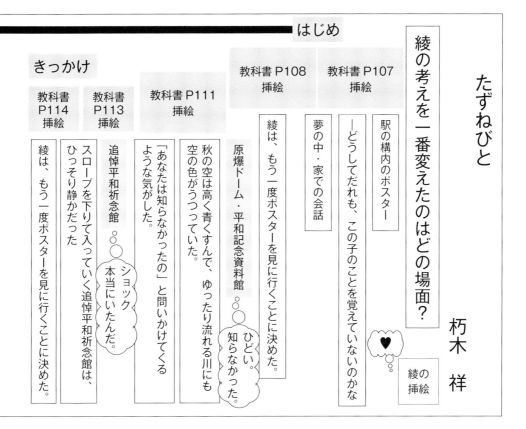

5年

大造じいさんとがん（東京書籍・光村図書・教育出版・学校図書）

小学校教員　藤田伸一

私の授業改善プラン

いままでにない授業をどうデザインしていけばよいのだろうか。その視点は、「主体的・対話的で深い学び」にある。「深い学び」とは、新しい発見をすることである。自分の考えが変わることである。一つの言葉から多様な考えを生み出すことである。思いも寄らぬ考えに出会うことである。つまり、自己変容が起こることだと言ってよいだろう。

自分の中の何かが明らかに変わること。このような子どもの姿が生まれる授業プランを組みたい。そのために、まずは、自分から言葉に向かいたいと思わせるところからスタートしなければならない。これはまさに「主体的な学び」である。読むことがつまらなかったりやらされている感が前面に出たりしていては、到底深い学びにはつながっていかない。そのためには、単元の導入の工夫が必要不可欠である。子どもが読みたい、解き明かしたいという思いが醸成されれば、言葉の細かいところに目が向く。さらっと読むだけでは気が付かない奥深いところにまで行き着く。その姿をつくり出すために教師は、工夫する。今回は、題名から問いを生み出そうと思う。そのためにしかけをつくった。

次に大切になってくるのが、「対話的な学び」である。一人の気付きには限界がある。思い込みや独りよがりの考えも生まれる。一人ひとりの考えには、ズレが生じる。そのズレを丁寧に焦点化し、集団思考を発揮することでいままで見えなかったものが見えるようになる。霧が晴れるかのように、モヤモヤがすっきりする。この間替えをどのタイミングでペアや全体での対話によって広げ深めていくかは、教師の働きかけが重要になってくる。

最後に「深い学び」にどう誘っていくかであるが、これが最も難しいところだ。子ども同士の話し合いが、煮詰まる。堂々めぐりになる。何か物足りない。浅い感じがする。こんなふうに感じたときが教師の出番である。深めるための発問や提示が必要になってくる。これらによって、子どもは多角的に考えられるようになる。このときに大切にしたいのは、一見バラバラに散りばめられている言葉をつなげられるようにしていくことである。大造じいさんの残雪に対する見方の変化を色彩語や情景描写から見られるようにしていくのである。語り手は、必ず人物の心を言葉によって映しだしていくのである。その語り口の妙に気付かせていきたい。

「深い学び」に至るためには、単元全体がそれに向かってつながっている必要がある。単元の終盤に向かって深まりは強くなっていく。しかし、1時間の授業での「深い学び」のスパイラルがあってこその単元全体の深まりが成立するということを忘れてはならない。本プランでその深まりの綾がわかるように紹介できたらと思っている。

1　教材分析

1　育てたい資質・能力

○情景描写から人物の心情に自力で迫る力

○人物のものの見方・考え方の変化をとらえる力

本単元では、新しい目の付け所として「情景描写」から心情に迫れることを習得させていきたい。その際、「銃を下ろしたときの大造じいさんの気持ちは？」というように、教師の発問で読みがスタートすることは避けなければならない。子どもが自らの力で、大造じいさんの心情に近付いていかれるような読みの力を付けていくようにしたい。もう一つは、物語全体を俯瞰しつつ、大造じいさんの残雪への見方・考え方の変化を捉える力を付けていきたい。全体の変化を捉えるには、各場面の細部に散りばめられている言葉や表現を分析し総合していくプロセスが必要である。全体と細部を行き来しながら重層に織りなす物語の機微に気付かせたい。

2　本教材の特性

大造じいさんと残雪との真剣勝負、知恵比べを通して、大造じいさんの残雪への見方・考え方が変化していく物語である。その変化を会話や心内語、行動描写だけではなく、情景描写や色彩語を巧みに使って表している。「東の空が真っ赤に燃えて、朝が来ました」語り手は、大造じいさんの視点で語っている。つまり、大造じいさんの目に、空が燃えているように赤く見えているのである。これは、そのまま大造じいさんの心持ちをも映し出している。意気込みや期待が情景描写や色彩語で表されているのである。そして最後の場面では、「らんまんとさいたすももの花が、その羽にふれて、雪のように清らかに、はらはらと散りました」というように、赤から赤と白の交錯、そして白へと色が変化するとともに大造じいさんの残雪への見方・考え方も変容していくところにこの作品の奥深さがある。

3　単元化のポイント

主体的・対話的で深い学びを実現する授業デザイン

この単元では、戦いを通して大造じいさんの残雪に対する見方・考え方が変わるプロセスをとらえることを主眼とする。題名からそのプロセスにつながる問いを生み出し、主体的な学びへと誘う。細部は、会話や行動描写に加えて、情景描写と色彩語に目を向けることで、大造じいさんの心情や残雪への見方・考え方の変容に迫っていく。そのために、自力読みの方法や人物の見方・考え方の変化をとらえる方法を身に付けさせる。どのような言葉に目を向け、どのように反応していけばよいかを教え、活用できるようにしていく。読みの観点と方法が分かれば子どもは習得した力を試してみたくなり、自分から動き出すようになる。自分の読みと仲間の読みには、必ずズレが生じる。そのズレをめぐってペアや全体で対話していく。その結果自己変容が促され、深い学びへと向かっていくのである。

2　単元構想（全８時間）

単元名

人物の見方・考え方の変化をとらえよう

単元計画

○数字は時数

一次	二　次	
①題名から問いを生み出そう	②～⑤大造じいさんと残雪との関係を捉えよう	
○「大造じいさん□がん」という題を提示する。□の中に入る文字や記号を考える。□の中に「と」が入るとどのような感じを受けるか発表する。 ○「大造じいさんとがんの関係が対等のような気がする」「大造じいさんとがんの関係が気になる」などの発言を取り上げ問い「大造じいさんと残雪の関係の変化を読みとろう」をつくる。全文を音読し、解決への見通しをもつ。 **改善ポイント①**	○全文を読みながら、大造じいさんと残雪の関係がどのように変化していくかを追求する。その際に以下の読みの観点を明確にして読んでいくようにする。 【・会話　・心内語　・行動描写　・色彩語　・情景描写】 ○これらの表現に目を向けることによって、大造じいさんの心情や残雪への見方を想像したり解釈したりしていく。とくに、色彩語や情景描写を判別できるようにし、「なぜ、大造じいさんには（語り手の視点を通して）、そのように見えるのだろう」と自問自答しながら自分の考えをつくり出し、対話で深める。 **改善ポイント②**	

単元の概要

本単元の主たるねらいは、大造じいさんの残雪に対する見方・考え方の変化を捉えることである。このねらいに迫るために、第一次では、題名読みから大造じいさんと残雪の関係を明らかにしていくという課題意識をもたせる。

この課題を解決するために、場面ごとに大造じいさんの心情や残雪に対する見方・考え方に迫っていくようにする。二次の前半は、各自が言葉や表現に目を向けながら自力読みをしていく。とくに、情景描写と色彩語に着目させる。その後、大造じいさんが残雪をどう見ているかをノートにグラフ化する。後半は、前半に整理した大造じいさんの残雪に対するものの見方・考え方グラフを吟味していく。全体を概観することによって、どのように変化してきたかを検討するようにする。

最後の第三次では、二次で捉えた情景描写と色彩語の効果を、物語を創作することで活用させる。作者として使ってはじめて効果が自覚化されるのである。

目標

〈知識及び技能〉比喩や反復などの表現の工夫に気付くことができる。

〈思考力、判断力、表現力等〉人物像や物語などの全体像を具体的に想像したり、表現の効果を考えたりすることができる。

〈学びに向かう力、人間性等〉積極的に表現の工夫に気付こうとし、課題に沿って人物の見方・考え方の変化を考えようとする。

評価規準

〈知識・技能〉情景描写や色彩語などの表現の工夫や効果に気付いている。((1) ク)

〈思考・判断・表現〉「読むこと」において、人物のものの見方・考え方の変化や情景描写・色彩語などの効果を考えている。(C (1) エ)

〈主体的に学習に取り組む態度〉積極的に情景描写や色彩語などの効果に気づこうとし、課題に沿って人物の見方・考え方の変化を考えようとしている。

		三次
	⑥大造じいさんの残雪に対するものの見方・考え方に迫ろう 【本時】	⑦・⑧情景描写や色彩語を使って、物語の続きをつくろう
	○2時から5時で整理してきた大造じいさんの残雪に対する見方・考え方グラフの変化を伝え合う。 ○対話によって生じたズレを全体の課題にする。課題をめぐって全体で検討し合う。 【予想される課題】 ・大造じいさんは、残雪を対等に見ているのか、自分よりも上に見ているのだろうか。あるいは、下に見ているのか。	○大造じいさんと残雪との続編を考える。続きの話をつくるに当たって、次の点を考慮することにする。 【物語の続きを書く際の条件】 ・時は、今年の冬。 ・場所は、沼地。 ・必ず、情景描写と色彩語を入れる。 ○書かれた作品を読み合い、情景描写と色彩語の効果や大造じいさんの残雪に対する見方・考え方の変化について吟味したことを共有する。 改善ポイント②

授業改善のポイント

改善ポイント① 題名読みからの課題設定

主体的な学びは、追究したい課題が生み出され、課題を解決する方法が見いだせたときに成立する。題名読みを大事にするのは、課題を意識させるためである。「大造じいさん□がん」この間に「と」が入ることによって、対等な関係が浮かび上がってくる。実際は、どのような関係になっているのか。これを解き明かしたいという思いが、読みの原動力となる。さらに、解決の方法を教えることで意欲は一層高まっていく。

改善ポイント② 読むための観点の獲得—見方・考え方を働かせ深い学びに至る

自力読みで一人ひとりがつかんだ読みを、対話で検討する。大造じいさんが残雪との戦いをどのような心持ちで迎えているのか、残雪と戦闘を繰り返す中で残雪への見方・考え方がどう変化しているのかを吟味し合う。その際に根拠の中心となるのが、情景描写や色彩語である。なぜそのように見えるのかを探ることで、大造じいさんの心情や見方・考え方に迫ることができる。

3 授業イメージ

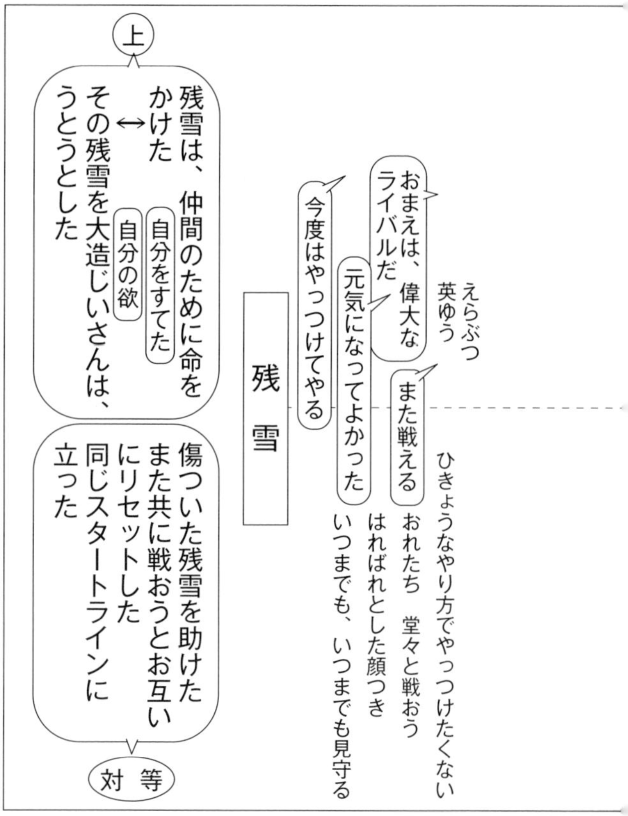

1 本時（第６時）の目標

・大造じいさんの残雪に対する見方・考え方の変化をとらえることができる。

2 授業改善のポイント

大造じいさんの残雪に対するものの見方・考え方グラフを見渡すところから授業をスタートさせる。そのことによって、自分よりも下の存在に見ていた残雪を、戦いを通して対等あるいは上の対象へと見方を変化させていっているのではないかという課題が生まれる。その課題をめぐって、仲間と吟味し合う。根拠となる情景描写や色彩語に着目することで、大造じいさんの残雪の見方に深く迫っていく。

3 授業の流れ

1 見方・考え方グラフを見渡す

大造じいさんの残雪に対する見方・考え方は、どのように変化しているだろう？

前時までに整理してきた大造じいさんの残雪への見方・考え方グラフを見て気付いたことをノートに書き、発表する。

「戦いを繰り返すごとに上がっている」

「対等からそれ以上になっている」

「対等にはなっているけど、大造じいさんより上ではないのではないか」

「大造じいさんは、残雪を対等に見ているのだろうか、それとも自分以上の存在として見ているのか」このズレが、本時の中心的な課題となる。

2 自分の考えをつくる

大造じいさんは、残雪を対等それとも上の存在として見ている？

課題に対する自分の考えをノートに書くように促す。その際に、根拠となる言葉や叙述を引用するように伝える。とくに今回は、情景描写や色彩語からも大造じいさんの残雪への見方や心情をとらえるようにしていきたい。

戦いを通じてどう変化しているかを、言葉・表現を精査・解釈することによって自らの考えを形成していく。一人ひとりが、自分の考えを構築した上で臨むと、次の対話的な学びが、独りよがりの印象的な発言の繰り返しに終始することはなくなる。

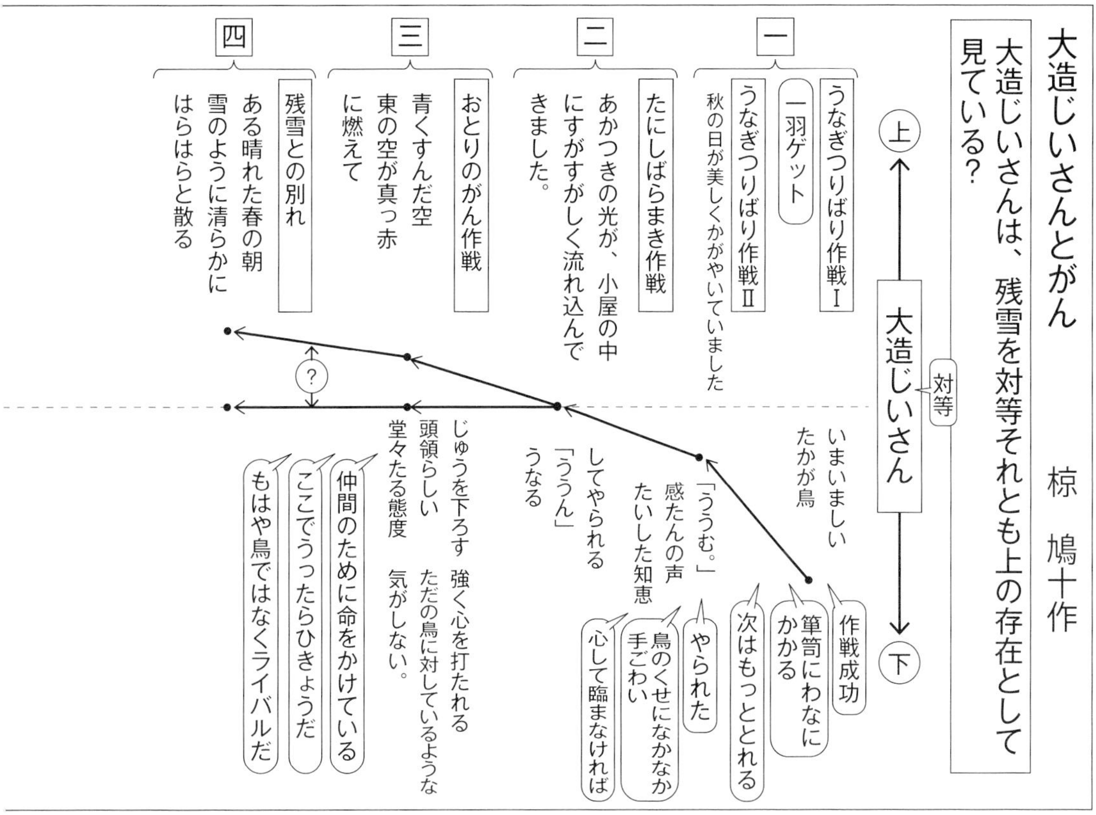
大造じいさんとがん
椋 鳩十作
大造じいさんは、残雪を対等それとも上の存在として見ている？
上
大造じいさん
対等
下
一
うなぎつりばり作戦Ⅰ
一羽ゲット
うなぎつりばり作戦Ⅱ
秋の日が美しくかがやいていました
二
たにしばらまき作戦
あかつきの光が、小屋の中にすがすがしく流れ込んできました。
三
おとりのがん作戦
青くすんだ空
東の空が真っ赤に燃えて
四
残雪との別れ
ある晴れた春の朝
雪のように清らかにはらはらと散る
いまいましい
たかが鳥
作戦成功
簞笥にわなにかかる
次はもっととれる
「ううむ。」
感たんの声
たいした知恵
やられた
鳥のくせになかなか手ごわい
心して臨まなければ
してやられる
「ううん」
うなる
じゅうを下ろす
強く心を打たれる
頭領らしい
ただの鳥に対しているような気がしない。
堂々たる態度
仲間のために命をかけている
ここでうったらひきょうだ
もはや鳥ではなくライバルだ
？

3 大造じいさんの見方・考え方を吟味し合う

なぜ対等だと考えるのか？
なぜ上の存在だといえるのか？

自分の考えをペアで吟味し合う。対話的な学びは、思考を深め課題を明らかにするために行う。しっかりと対話の観点をもたせることが重要である。

どの言葉・表現からそう考えるのか。理由付けをお互いにしてから双方向の交流をスタートさせる。ただお互いの発表を聞いて終わりにするのではなく、相手の考えを受け止めて返していくようにする。その返し方が極めて重要だ。選んでいる言葉が適切か、解釈に飛躍や思い込みがなく妥当かを検討し合えるようにするのである。

4 自分の見方・考え方の捉えをまとめる

結局、大造じいさんは、残雪のことをどのように見ていたのだろう？

この授業で何が明らかになったのかをノートに書かせる。そのことによって、次の文学の読みに生きる力となっていく。

自分の考えがどう変わったのか、あるいは確信をもてるようになったのかを最初に書かせる。次に、どの言葉・表現に着目したからなのか、誰のどういう発言がもとになったのかを書くようにする。

教師は、このまとめを読むことによって、子どもたち一人ひとりが、大造じいさんの残雪の見方を適切にとらえられているかを評価する。

５年

注文の多い料理店（東京書籍）

宮崎県・都城市立五十市小学校　比江嶋哲

私の授業改善プラン

●「深くない学び」とは

青木伸生氏によると、「深くない学び」というのは、表面的で、一問一答で完結してしまうような学びであり、そこには子どもの問題意識はなく、読めと言われたから読んでいる、先生に聞かれたから答えているということであるという。また、深い学びにつなげるための視点は二つあり、一つは子ども自身の問題意識や読むための目的意識や必然性というところである。もう一つは、他者との交流の中で、自分が読んできた「読み」の合理性をモニタリングしていくことであるとしている。（「定番教材で読む『深い学び』をうむ国語授業」東洋館出版より）

つまり、目的意識・問題意識が必要であること、他者と交流して読みを確認することができるような「学習課題（問い）」を設定することが大切であるとい考えられる。

●「哲学者の道具箱」を使った授業デザイン

「深い学び」をうむために、目的意識・問題意識があり、他者と読みが交流できるような問いはどのように設定すればいいだろうか。トーマス・ジャクソンが探求を進めるための思考の道具として提唱している「哲学者の道具箱」を参考に改善を試みてみたい。

【トーマス・ジャクソン「哲学者の道具箱」】

・それはどういう意味？（意味）・そもそも～って？（前提）・どうしてそう思うの？（理由）
・本当にそうだろうか（真実）・例えばどういうこと（例）・でも、反対もあるよね（反例）
・～だとしたら（仮定）　・もしそうなら～となる（推理）

これを、「思考を深める発問」として、活用できないか考えてみた。

はじめに、「いくつ、どれ、一番はどれ、どっちが○○」などの「数える・選ぶ発問」を使って、自分の立場を決めさせる。そのズレを話し合い、「読みをそろえる発問」を使って、基本的な読みをそろえていく。

そして、「思考を深める発問」をして、これまで気付かなかった表現の工夫に関する言葉や文、考え方に気付き、新たな読みを体験させたい。

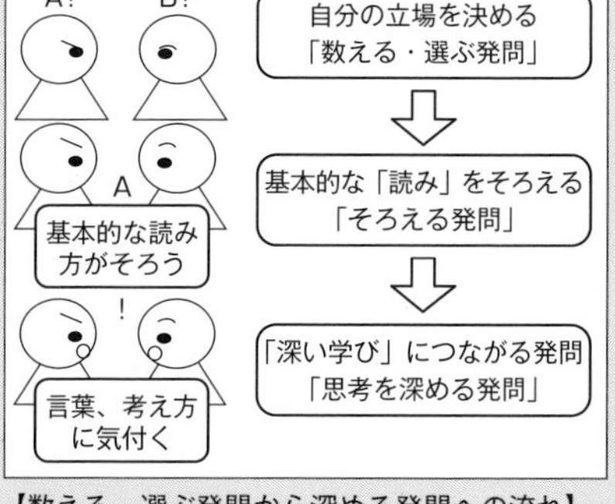

【数える・選ぶ発問から深める発問への流れ】

1　教材分析

1　育てたい資質・能力

本単元の資質･能力（付けたい力）は、「表現の工夫を見つける」である。具体的には、次のようなものが挙げられている。

二つの意味を持つ言葉や表現	様子や音を表す言葉	色彩を使った表現
たとえを使った表現	同じ言葉や文のくり返し	物語の構成

このような表現について、その効果を考えながら読むと、深く物語を楽しむことができるということに気付かせていきたい。

2　本教材の特性

①現実の世界から不思議な世界に行き、再び現実の世界に帰ってくるという構造。
②中心人物が特徴的であり、その性格が原因で物語がおもしろくなっている。
③題名にあるようにたくさんの注文を山猫と紳士側で意味が変わるおもしろさがある。
④紳士の変容がないという点も特徴である。
⑤作中、様々な表現の工夫がされており、物語のおもしろさを引き出している。

3　単元化のポイント

今回の付けたい力は、「表現の工夫を見つける」である。物語文の面白さも味わいながら、授業を展開していくために、たとえ・様子や音を表す言葉・二つの意味を持つ言葉・色彩を使った表現・たとえ・同じ言葉や文のくり返し・物語の構成にふれていけるような単元構成にした。最後に表現の工夫のある文とない文を比較させて、そのよさを感じた後で、実際に教材文から表現の工夫の視点に沿って付箋でその言葉を整理させ、その効果をまとめさせるようにした。

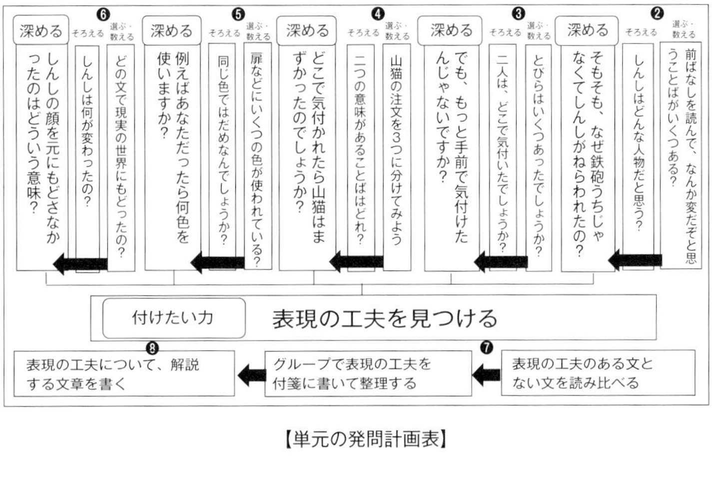

【単元の発問計画表】

2　単元構想（全８時間）

単元名

物語のおもしろさを解説しよう

単元計画

○数字は時数

一次	二次		
①見通しをもとう	②物語の設定を読み取ろう	③物語の流れを読み取ろう	
○全文を読んで感想を交流し、付けたい力とファンタジー作品の特徴を知る 【特性①】 ○初発の感想をもとに、中心発問、重要話題を決める。「表現の工夫を見つける」という付けたい力も確認し、単元の見通しをもつ。	○時・場・中心人物の設定について読み取る。【特性②】 ○前ばなしから、時・場所の設定や中心人物の性格について話し合う。 改善ポイント① 改善ポイント②	○物語の流れを読み取る。 【特性②】 ○山猫軒に入ってから、どのような注文があって、どこで気付いたのか、それはなぜなのか紳士の性格や考え方などについて意見を交流する。 改善ポイント① 改善ポイント②	

単元の概要

本教材は、中心人物の心情や変容、ファンタジー作品、多様な表現の工夫などいろいろな特性をもっている教材である。特に、物語を面白くする表現の工夫について焦点を当てていくことで、物語の面白さを味わいながら読み進めていくように進めていきたい。

こうした「教材の特性」と「指導のねらい」をつなぎ合わせたものを以下に示す。

①現実の世界から不思議の世界に行き、再び現実の世界に返ってくるというファンタジー作品の構造の特徴を知る。

②時・場・人物の設定、中心人物の性格等による物語のおもしろさを読み取る。

③注文が山猫と紳士側で意味が変わる扉の注文の意味や表現の工夫について考える。

④中心人物の変容について考える。

⑤様々な表現の工夫について、物語の面白さを説明する文章を書く。

この特性を押さえながら、自分でも活用できるように単元を設定した。

目標

〈知識及び技能〉比喩や反復の表現に気付くことができる。

〈思考力、判断力、表現力等〉人物や物語の全体像を具体的に想像したり、表現の効果を考えたりすることができる。

〈学びに向かう力、人間性等〉進んで文章の表現の工夫を見付け、物語の面白さを解説する文章を書いている。

評価規準

〈知識・技能〉比喩や反復の表現に気付いている。((1) ク)

〈思考・判断・表現〉人物や物語の全体像を具体的に想像したり、表現の効果を考えたりしている。(C (1) エ)

〈主体的に学習に取り組む態度〉進んで文章の表現の工夫を見付け、物語の面白さを解説する文章を書こうとしている。

				三次
	④表現やしかけの工夫をさがそう	⑤色彩の工夫について考えよう【本時】	⑥人物の変容について読み取ろう	⑦・⑧物語のおもしろさを解説しよう
	○扉の注文の意味について考える【特性③】 ○扉の意味がそれぞれの立場で違うことや、自分だったらどこで気付いたか、2人はなぜ早く気付かなかったのか考える。 改善ポイント① 改善ポイント②	○色彩の表現の工夫について考える【特性③】 ○色彩の工夫について気付き、その効果と活用の方法について考える。 改善ポイント① 改善ポイント②	○中心人物の心情の変化について考える。【特性④】 ○後ばなしから、なぜ、紙くずのような顔は元に戻らなかったのか考える。 改善ポイント① 改善ポイント②	○表現の工夫について、物語の面白さを説明する文章を書く。【特性⑤】 ○構成の工夫や、色彩、くり返しの言葉やたとえなど物語をおもしろくする表現の工夫について説明する文章を書き、友だちと交流する。

授業改善のポイント

この教材の課題として、「長文で、読む意欲が高まらない」「内容をよく整理できない」子どもが出てくることが考えられる。次の2点が単元全体の授業改善の主なポイントである。

改善ポイント①　目的に応じた発問

全員が考えをもち、問題意識や必然性をもって主体的に取り組めるように、「数える・選ぶ発問」を使って全員に考えをもたせ、「読みをそろえる発問」で全員の読みをそろえる。

改善ポイント②　「哲学者の道具箱」を活用した発問

多様な意見から、これまで気付かなかった表現の工夫や新たな考え方に気付かせ、思考を深めさせる。

本単元では、「物語のおもしろさ」「表現の工夫のおもしろさ」について、自分で考えた意見を友達と交流していくような発問をする。自分にもできそうだという意欲の向上と、友達同士学び合いながら、何度も意欲的に文章を読み返す授業の工夫をしていきたい。

このような工夫を通して個人差を埋め、付けたい力を身に付けさせていきたい。

3　授業イメージ

1　本時（第５時）の目標

・色彩の工夫を読み取り、その効果を考えることができる。

2　授業改善のポイント

始めに、全員が考えをもてるように、「いくつの色が使われている」という発問で、自分の考えをもち、交流できるようにした。そして、「同じ色でいいのか」という発問で、それぞれの色が与える印象や効果について、考えをそろえるようにした。最後に、「自分だったら何色を使う」という発問で、その効果を考えた表現の工夫を考えさせていきたい。

全部同じ色ではだめなのでしょうか？

・わざとらしくなる
・しんしを見ながら決めていったのかも

例えばあなただったら何色を使いますか？

・最初は金色
・楽しそうな黄色
・最後は赤

まとめ
色さいの工夫で物語がおもしろくなっている。

3　授業の流れ

1　本時のめあてと付けたい力について確認する

とびらなどにいくつの色が使われているでしょうか？

まず、山猫の注文について、山猫がした工夫は言葉だけだったのかという問いを投げ掛けて、色についても工夫があるという視点をもたせる。

扉などにいくつの色が使われているかという問いを基に、教科書から調べた数をお互いに話し合わせ、ズレを修正していく。戸の色だけを数えている子供も多いので戸の色だけでなく、文字や金庫などにも様々な色が使われていることに気付かせ、もう一度、読み直させる。

2　色彩の工夫と効果について考える

全部同じ色ではだめなのでしょうか？

出てきた色を挙げて、それぞれどんなイメージをもつか考えさせる。

まず、見付けた色が分かる言葉を板書していく。次に、色の部分に着目させ、どのような色が出ているのか共有する。そして、金色について、「豪華な感じ」「高級な感じ」などのイメージを出させて、他に高級な感じのする色はないか話し合わせる。他の水色や黄色についても「明るい」などのイメージを出させ、なぜこんな色を使ったのか、全時までに学習している紳士の性格や人物像から考えさせる。

注文の多い料理店　宮沢　賢治

めあて　色さいの表現の工夫について考えよう

とびらなどにいくつの色が使われている？

7　8　10　11

表　金文字　うら金文字

水色のペンキぬりの戸
黄色な字
赤い字
黒い台
黒い戸
黒ぬりのりっぱな金庫
金ぴかのこう水のびん
青い瀬戸の塩つぼ
銀色のホークとナイフ

金色・・・ごうかな感じ
黒色・・・高級
青い・・・高級
水色・・・明るい
黄色・・・明るい

←

みえっぱりを利用
不安をなくす？

3　色彩の効果を考えて例を考える

例えばあなただったら、何色を使いますか？

自分だったら何色を使うかという発問で、色彩の工夫を活用した物語を自分で考える。

単純に色を決めていくのではなく、紳士の性格や考えを利用した色彩の工夫を考えさせたい。

また、1枚だけでなく、「最初この色で安心させて～」など複数の色彩の工夫を考えさせてもおもしろくなる。

最後にグループや全体で発表し、それぞれのよさを共有する。

4　表現の工夫についてふりかえる

色彩の工夫について考えたことをまとめましょう。

最後に、色彩の工夫について、考えたことをノートにまとめ、発表し合う。

「色が与える印象」「文章の表現の効果」について考えを発表し合った後、作者は色彩を物語にどのように活用したのかまとめていく。

また、前時までの活動を振り返り、様子や音を表す言葉、たとえを使った表現、二つの意味をもつ言葉などの他の工夫についても再度確認する。

６年

海の命（光村図書・東京書籍）

大阪教育大学附属平野小学校　笠原冬星

私の授業改善プラン

●「焦点化教材」を生かして、自分なりの「真の山場」を創作する

「海の命」は、従来の山場（クライマックス）を対象として授業を行うとオープンエンドの授業を行うことになってしまいがちで結論を共有することが難しい。そこで、『火星に行った３人の宇宙飛行士』という作品を山場に対して新しい見方・考え方を修得するための「焦点化教材」とし、単元の学習を進める。

「焦点化教材」とは観点表をもとに身に付けさせておきたい「用語や用法」等に焦点をしぼって用意する教材のことを指す。

例えば、４年生教材にある「初雪のふる日」について考える。ここでは、「山場」の場面での変容を読む。このとき、「初雪のふる日」だけでは、女の子が変わったのかわかりにくく、変容をとらえにくい。そこで、物語の構造を理解するために『「ねむり」ひつじのウルル』（文芸社　文：篠原利佳／絵：篠崎三朗）という物語を使用する。これは、ファンタジー作品であるが、異世界の住人に変容がおこるというお話である。この物語を読んだ上で、改めて「初雪のふる日」を読んでみると、女の子の変容だけに留まらず、「白うさぎ」たちの変容にも目を向けることができるようになる。このように、「焦点化教材」を活用することにより、その単元で学習したいことに焦点をしぼって、学習を進めることができる。「焦点化教材」を活用した今回の展開では、自分なりに想像してその後を描くことができ、各自の読みを生かした上で作品を書くという「創造的な活動」を行うことができる。

なお、本単元では、「山場」を「真のクライマックス」とする。ただし、この「真のクライマックス」は何を書いてもよいわけではなく、向かうべきゴールは「おだやかで満ち足りた母」になるような、ハッピーエンドとなるクライマックスを想像する必要がある。

「火星に行った３人の宇宙飛行士」という物語を「二つの山場」に焦点を当てるための「焦点化教材」として使用することにより、従来の「海の命」の山場を考える授業から一歩踏み込んだ創作活動を行うことができる。このような単元構成を行うことにより、児童は作品に対しての新たな「見方」を持つことができ、自分なりの「考え方」を構築することができる。

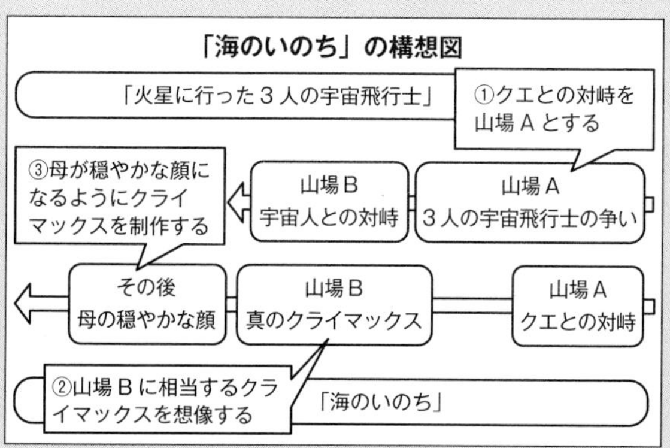

1　教材分析

1　育てたい資質・能力

二つの作品を見比べることによって「海のいのち」の「山場（クライマックス）」に対して思考・判断し、「真のクライマックスを創作しよう」という活動をすることによって、自分なりのその後に至るまでの作品を創作する表現活動を行うことができる。このように「B 書くこと」と「C 読むこと」の両方を網羅する学習を行い「思考力、判断力、表現力等」の育成を目指す。

2　本教材の特性

「海の命」は立松和平が描く太一の成長物語である。太一は、先祖代々漁業を生業として生活している漁師一族である。そして、村で一番のもぐり漁師であった「父」の背中を追って、自身も漁師として一人前になることを目指していた矢先、父が帰らぬ人となった。その原因は緑色の目をした「クエ」だった。その後、与吉じいさに弟子入りし、父の海にくることができるようになった。やがて、青い宝石の目をした「クエ」と出会うことになり、クエとの対峙を経て、瀬の主を殺すことなく、その場を去った。その後、太一は村一番の漁師であり続け、千匹に一匹の漁をし、母もおだやかで満ち足りた表情になった。特に終盤の山場の場面では、太一は様々な思いをもって、クエに向けていたモリをおろす。しかし、「なぜ太一はモリをおろしたのか」についてはなかなか答えが出ず、難しい問題である。そこで、本単元では、真のクライマックスを想像することによって、主題に迫っていく。

3　単元化のポイント

「海の命」は、クエと太一が対峙する、終盤の山場（クライマックス）の部分をどのように捉えられるかが鍵となる教材である。しかし、この場面には「なぜもりを下ろしたのか」に対して明確な答えが書かれておらず、子どもたちから様々な意見が出て、オープンエンドになることが多く、結論を出すことが難しかった。そこで、今回は別の作品（焦点化教材）の構造を生かすことにより、この山場（クライマックス）の後を想像して、自分でその後（真のクライマックス）を想像し、自分なりの物語を創作するという活動を設けた。これは、その後に書かれている「満ち足りた母」の姿が大きなヒントとなる。「満ち足りた母」になるためには、太一自身もきちんとした「人生の答え」を見つけ出している必要がある。その「答え」を考え創作することが、本作品の主題を考えることと同様であると考える。そして、「クエと再会したらもりをうつか」等の発問をして主題に迫っていく。

1年
2年
3年
4年
5年
6年

2　単元構想（全８時間）

単元名

真の山場（クライマックス）を、自分で想像して描こう！

単元計画

○数字は時数

一次	二次		
①「海のいのち」を初めて読んだ感想をまとめよう。	②・③今までに学習したことを生かして自分なりの読みをもとう	④自分で考えた読みを交流しよう。	
○「海のいのち」の難語句を調べ、初発の感想を書く。このとき、「山場（クライマックス）」についても考えられるようする。	○今までに学習したことを生かして、「海のいのち」に対して自分なりの読みをもつ。ここでは、物語の場面や基本構造など、今までに学習したことを自分でまとめ、ある程度の読みをまとめておく。	○自分のもった「読み」について他者と交流して、読みを深めたり、課題を共有する。このとき「山場（クライマックス）」で「なぜもりを下ろしたのか」についても考えるようにしていく。	

単元の概要

本単元の最初には、今まで学習してきたことを生かして、自分たちの読みをもちつつ、本単元で考える中心の課題である山場（クライマックス）について考えていく。

山場（クライマックス）ではもりをおろしてしまい、その理由を考えることが多い。しかし、その理由が明確に書かれているわけではないので、想像しにくい部分がある。そこで、事前に山場（クライマックス）が二つある作品を読み、AとBどちらの山場（クライマックス）かを考えるという選択肢を与えることにより、物語を読む手がかりとする。

本単元は、「山場（クライマックス）を読む」と「真の山場（クライマックス）を想像する」という「読み」と「書く」の複合単元を考えている。その後、真の山場（クライマックス）を想像することにより、自分自身のイメージを膨らませることができ、様々な表現ができるようになる。ただし、「その後」では、幸せな家族像が表現されているので、そこに向けて、自分の思いを書くこととなる。このように、「焦点化教材」を使用することにより正確な「読み」を行うことができ、その「読み」を元にして「書く」単元も深めることができる。

今回の単元で目指す子ども像は、「二つの山場」という新たな物語の「見方」を獲得し、自身の想像力を発揮して、明確なゴールのある「真のクライマックス」を創造する子どもである。

目標

〈知識及び技能〉 物語の山場（クライマックス）には、複数あることについて知ることができる。

〈思考力、判断力、表現力等〉「海の命」の真の山場（クライマックス）を、文章を基に根拠をもってかくことができる。

〈学びに向かう力、人間性等〉「海の命」を読んだり、「真の山場（クライマックス）」を書いたりしようとする。

評価規準

〈知識・技能〉 文と文との接続の関係、話や文章の構成や展開について理解している。((1) カ)

〈思考・判断・表現〉「読むこと」において、文章を読んで理解したことに基づいて、自分の考えをまとめている。(C (1) オ)

〈主体的に学習に取り組む態度〉「海の命」を読んだり、「真の山場（クライマックス）」を書いたりしようとしている。

			三次
	⑤「山場」が2つある物語を読んでみよう。	⑥「海の命」の山場について考えてみよう。【本時】	⑦・⑧「海の命」の山場を想像して、自分の山場を描く。
	○焦点化教材『火星に行った3人の宇宙飛行士』を読み、「山場」が二つある物語を読んで、山場に対して新しい見方を獲得し、「海の命」について考えるときの足掛かりとする。 改善ポイント	○前時に読んだ『火星に行った3人の宇宙飛行士』と比較して考えることにより、太一がもりをおろした理由や新しい山場の「見方」について獲得し、「真のクライマックス」について考える。 改善ポイント	○「海の命」の「真のクライマックス」について自分なりに想像して、物語を創作する。最後の場面に描かれている「その後」の話（母の穏やかな顔）につながるような物語を想像して、「真のクライマックス」を描くようにする。

授業改善のポイント

改善ポイント　焦点化教材の活用

「海の命」の山場についての理解を深めるために、焦点化教材を使って学習を進め、真の山場の存在に気付き、創作活動を行う。

『火星に行った3人の宇宙飛行士』では、二つの山場があるので、そのことを知ることが第5時の授業である。そして、そこで知ったことを生かして、「AとB、どちらが山場（クライマックス）ですか」という課題を与えることにより、各個人で立ち位置を決めて考えを進めていくことが可能となる。

また、2つの「山場（クライマックス）」と終末の場面の「満ち足りた母」の姿を意識しながら読むことにより、「山場（クライマックス）場面のその後（真の山場）」についても自分で想像し、描くことができる。

このように、「練習のための作品（焦点化教材）」を読むことにより、本作品の山場（クライマックス）場面についても深く考えることができるようになる。また、「AとB」という選択肢を与えることにより、自分の考えをもって学習に臨み、「真の山場」について想像できるようになる。

3　授業イメージ

1　本時（第６時）の目標

『火星に行った３人の宇宙飛行士』と比べて、「海のいのち」の山場について考えよう！

2　授業改善のポイント

従来のクライマックスとその後の話の間にある、「真のクライマックス」を想像させることによって、子どもは物語に対して様々な思いを膨らませることが可能となる。

その後の場面の母

「もりをおろした太一の考えは○○だ。」

母は、おだやかで満ち足りた、美しいおばあさんになった。

★まとめ

・「山場」が複数ある物語がある。

・「海のいのち」では、「もりを下ろした場面」と「その後の場面」の場面の間に「真のクライマックス」がありそうだ。

3　授業の流れ

1　『火星にいった３人の宇宙飛行士』を思い出し、山場が二つあったことを確認する。

> 前読んだ物語には、山場はいくつあったのかな。

ここでは、前時に読んだ『火星にいった３人の宇宙飛行士』の山場について考える。山場Ａは仲間同士で争っている場面である。そして、山場Ｂは、火星人と出会い対峙している場面である。それぞれの場面を思い出し、それぞれの場面でどのような問題が起こっていたかを確認する。可能であれば、板書を二つに分けて書き、あとで比較できるようしておくとよい。

2　「海のいのち」の山場はＡであったらどうなるか考える。

> 「海のいのち」の山場は「火星にいった３人の宇宙飛行士」でいうと、Ａ・Ｂどちらの山場ですか。

「山場がＡ」ならどのように物語文の印象が変わるかを考えてノートにまとめていく。このとき、『火星にいった３人の宇宙飛行士』の山場Ａが山場Ｂとつながっていることをたしかめ、山場Ｂは自由に想像（発想）できる場であることを確認する。「その後」を描く活動の布石を打っておく。そして、「もりを下ろしたとき」の学習につなげていくとよい。

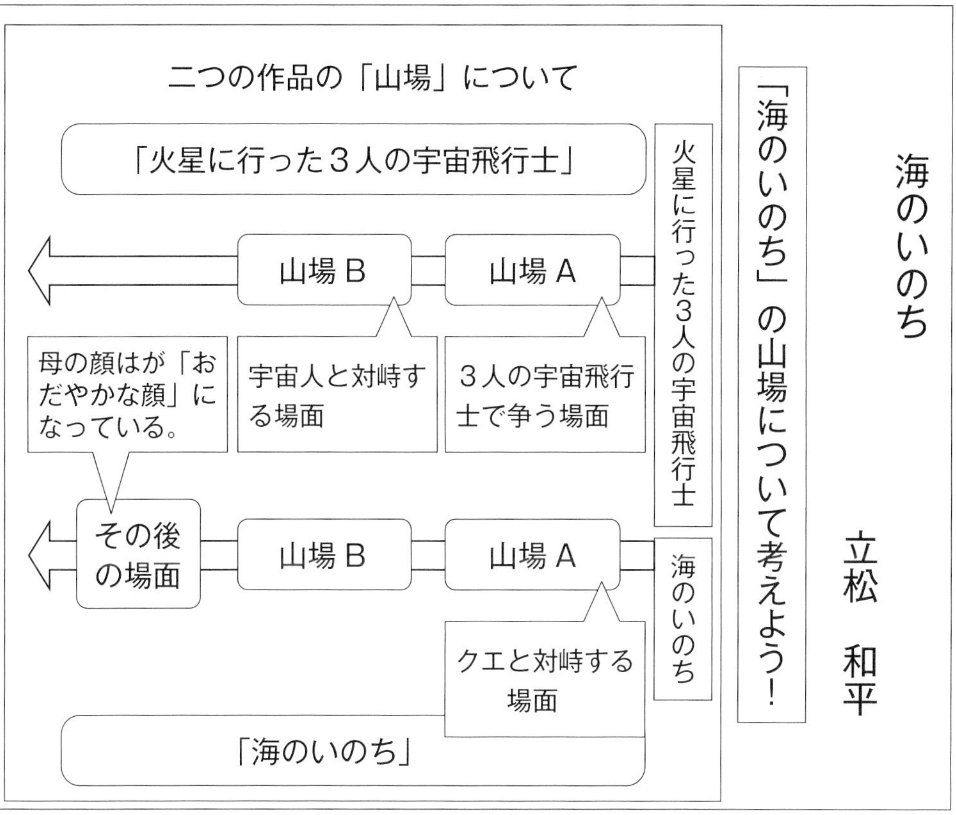
海のいのち
立松　和平
「海のいのち」の山場について考えよう!
二つの作品の「山場」について
火星に行った3人の宇宙飛行士
「火星に行った３人の宇宙飛行士」
山場 A
山場 B
３人の宇宙飛行士で争う場面
宇宙人と対峙する場面
母の顔はが「おだやかな顔」になっている。
海のいのち
山場 A
山場 B
その後の場面
クエと対峙する場面
「海のいのち」

3 本文にもどり､「もりをおろしたとき」に答えがなかったことを考える。

「もりをおろしたとき」について考えよう。

「もりをおろした」場面について深く考えていく。このとき、「殺さないですんだ」「こう思うことによって」など、本文中にのっている「言葉」を大切にして考えていくと、「太一」のクエに対する思いが読み取れる。そして、「クエを見かけたのにもりを打たなかったことは、生涯だれにも話さなかった」理由についても考える。発展的な内容として､「次にクエと再会したら、もりをうつか」を聞くと、物語を深く読まなければならないので、おすすめである。

4 「母の満ち足りた顔」になるような、その後を描くことを確認する。

「母の満ち足りた顔」につながるように、物語を考えよう。

本文中における「母の満ち足りた顔」につながるような「真のクライマックス（山場）」について考えることができることを確かめる。見取りについては、・物語を書こうとしているか、・もりをおろしたときや、母の満ち足りた顔について、自分なりの言葉でまとめることができるか、を確かめるとよい。

本時では、特に次の時間に「物語を描こう」という単元が組まれており、「C 読む」と「B 書く」の両方を網羅できるようになっている。

6年

きつねの窓（教育出版）

南山大学附属小学校　山本真司

私の授業改善プラン

●創造力を発揮する学びを

これからの時代に求められる資質・能力について、文部科学省からはもちろん、様々な媒体で語られている。AIの浸透が人の作業を代替していく中、指示されたことを正確に処理することではなく、自ら価値を創造することが大切だと言われる。国語科教育の中でも創造性を発揮して、自分らしい何かを創り出していく、そんな学習が展開できないか。本稿では、そんな問題意識をもとに授業をデザインしていきたいと考えている。

本作品「きつねの窓」（安房直子作）は、6年の3学期に位置付けられている文学的文章である。小学校の6年間で身に付けた国語の力を総動員して一人一人が力を発揮できる単元にしたい。

本作品では、主人公「ぼく」が、子ぎつねに青く染めてもらった指でつくった「窓」をかざすと、昔好きだった少女や、昔「ぼく」が住んでいた家の様子が映る場面が、豊かな描写で美しく描かれている。そんな不思議な光景について読みながら、きっと自分だったらどんな場面が「窓」に映るのか、を想像する読者もいることだろう。そこで、「『窓』に映る世界を自分なりに創作する」活動で創造力を発揮する単元を提案したい。

●言葉にこだわる創作に

「『窓』に映る世界を自分なりに創作する」とき、どんな思いつきでもよいという訳ではない。国語科の学習であるからには､「言葉による見方･考え方」を働かせるようにしたい。つまり、「言葉にこだわる」ことは求めたいところである。言葉にこだわって創作するためには、作品の美しい描写を読み描き、その世界を味わうことである。

作品では､「ぼく」が「窓」の中で昔の家を見た場面で､母の作っている菜園の「青じそ」の描写がある。「母に会いたい」という思いを､庭の「小さな菜園」に植えてある「青じそ」を描きながら具体的に表現することで、読者は臨場感をもって場面の様子を頭の中に描くことができる。また、主人公の心情の描写にも「母に会いたい」と直接的に語るのではなく、母の行動を描くようにしているのもポイントである。「ぼく」にとって、母が庭の青じそを取りに行くという些細な日常が、大切な思い出の一場面となっていることが感じられる。些細なモノやコトを描くことで、その出来事を経験していないに読み手を懐かしい気持ちにさせるのだ。

このような描写を味わうことが、創作で描写するときにも生きてくる。逆に、後に創作を想定しているからこそ、描写を読み描く必然性も増すことにもなるだろう。

1　教材分析

1　育てたい資質・能力

先述したように、子どもが作品の描写に学び、創造力を発揮して表現する姿を実現したい。

(1)　文の中での語句の係り方や語順、文と文との接続の関係について理解することができる。　〔知識及び技能〕

(2)　登場人物の心情について、描写をもとにとらえ、表現の効果を考えることができる。また、目的や意図に応じて簡単に書いたり詳しく書いたりするなど、自分の考えが伝わるように書き表し方を工夫することができる。　〔思考力、判断力、表現力等〕

(3)　文学的文章について言葉がもつよさを認識しようとしながら読み、言葉でよりよく表現しようとする。　〔学びに向かう力、人間性等〕

2　本教材の特性

本教材の特性を述べると次の４点が挙げられる。

①　読者を非現実的な世界へと誘うファンタジー作品である。
②　話者が語る「ぼく」を主人公にした「一人称視点」の作品である。
③　場面の様子や人物の心情について豊かな情景描写、心情描写を用いながら描かれている。
④　特に、指で作った「窓」に映る人物の思い出は、詳しく描かれており、読者に「自分もそんな窓がほしい」という気持ちにさせる。

3　単元化のポイント

本稿の提案となる「『窓』に映る世界を自分なりに創作する」という活動を、どのように単元に位置付けていくのかがポイントとなる。

まず、作品の全体像をとらえる。その際、視点人物である「ぼく」の心情についても確かめていけるだろう。「きつね」の心情を話題とすることが内容理解を深めていくことにもなるだろう。

そんな授業のやりとりの中、「自分も指を染めてもらって『窓』を覗いてみたい。」というつぶやきも出てくることが予想される。そこで、単元末に「『窓』に映る世界を書く」という活動を位置付けることを決める。アウトプットすることを決めた上で、もう一度「窓」に映る場面の描写を読み返すと、実に巧みに描かれていることに気付くことができるだろう。

なお、窓に映す内容は、自分の経験に限定しない。登場人物を自由に想像し、その人物の「窓」に映るものを考えるようにすることで、一人一人が創造力を発揮し、多様な展開を楽しむことができるだろう。

2　単元構想（全12時間）

単元名

「きつねの窓」に映る世界を想像しよう

単元計画

○数字は時数

一次	二次		
①「きつねの窓」を読んで、学習計画を立てよう	②～⑤場面ごとに「ぼく」の行動と心情を確かめよう	⑥日常、非日常について考えよう	⑦⑧「ぼく」の変容と「子ぎつね」の思いを考えよう
○一読（もしくは教師の範読）し、感想を交流しながら、二次までの学習計画を立てていく。 ○三次については詳しく読む中で子どもたちと確かめていきたい。	○場面分けを行い、主な出来事について確かめる。その際、子ぎつねに対する「ぼく」の心情はどのように変化していったのかについてもとらえて、表にまとめていく。	○ファンタジー作品には、日常の世界から非日常の世界に入り、また日常の世界に戻ってくるという構成がある。非日常の意味を考えるために、作品全体の構成を確かめる。	○非日常の世界に行ったことで、「ぼく」にどのような変化があったのかを考える。 つまり、「ぼく」の変容と「子ぎつね」の思いとの関係を考えていくことになる。

単元の概要

一次では、一読して感想を交流する中で、二次までの学習計画を立てる。

三次の内容「『窓』に映る世界を書く」ことについては、子どもからの要望があったときに設定したい。それは一次とは限らない。詳しく読む中で「自分で窓に映る世界を考えてみたい」という声が出てくるものと想定している。

二次では、「ぼく」の心情の変化について読んでいく。

三次では、まず、「『窓』に映る世界を書く」という活動を念頭に置いた上で、「窓」の描写を読む。作品の描写について味わい、表現の工夫について学んだ上で書く活動を行う。

書く際には、窓に映る世界を、自分の経験に限定せず、自由に想像して表現してよいことにする。どんな世界に住んでいた人物に窓を覗かせるのかをじっくりと構想する時間を取りたい。

最後は、互いの創作を読み合う。詳しい心情描写や情景描写を用いることで、心が動くという言葉のよさを味わう経験になればと思う。

目標

〈知識及び技能〉　文の中での語句の係り方や語順、文と文との接続の関係について理解することができる。

〈思考力、判断力、表現力等〉登場人物の心情について、描写をもとにとらえ、表現の効果を考えることができる。また、目的や意図に応じて簡単に書いたり詳しく書いたりするなど、自分の考えが伝わるように書き表し方を工夫することができる。

〈学びに向かう力、人間性等〉　文学的文章について言葉がもつよさを認識しようとしながら読み、言葉でよりよく表現しようとする。

評価規準

〈知識・技能〉　文の中での語句の係り方や語順、文と文との接続の関係について理解している。((1) カ)

〈思考・判断・表現〉「読むこと」において、登場人物の心情について、描写をもとにとらえ、表現の効果を考えている。(C (1) エ)

「書くこと」において、目的や意図に応じて簡単に書いたり詳しく書いたりするなど、自分の考えが伝わるように書き表し方を工夫している。(B (1) ウ)

〈主体的に学習に取り組む態度〉　文学的文章について言葉がもつよさを認識しようとしながら読み、言葉でよりよく表現しようとしている。

	三　次		
	⑨「窓」に映る場面の描写の仕方について考えよう【本時】	⑩⑪「窓」に映る世界を創作しよう	⑫みんなが書いた「窓」に映る世界を読み合おう
	○「『窓』に映る世界を自分なりに考えて書く」というゴールを見据えて、作品の「窓」の描写を読む。 ○書かれている世界を読み描いて味わうとともに、表現の工夫についても理解する。	○前時で学んだ表現の工夫を生かしながら「窓」に映る世界を自分なりに考えて書く。 ○自分の経験にとらわれず、自由に創作するようにしたい。多様な場面が描かれるほど後に読み合うのが楽しくなる。 改善ポイント	○一人一人が書いた「窓」の創作を読み合う。 ○情景や心情を詳しく描写することのよさを味わえるようにしたい。

授業改善のポイント

改善ポイント　創造力を発揮して自分なりに創造する

そこで、「『窓』に映る世界を書こう」という書く活動を三次に設定しているが、この書く活動を念頭に置いた上で、作中の「『窓』に映る様子の表現」を読む活動を位置付けている。

書くことを念頭に置いて読むことで、子どもは、本作品の特徴である心情描写や情景描写のよさについてより切実に理解しようとすることができると考えた。もちろん書く活動でも単に思いついたまま書くのではなく、作品の優れた描写を意識することになるので、より豊かな創作につながるだろう。

なお、教科書では「あなたなら『窓』でどのようなものを見たいですか。」と読み手の経験に根差した活動を提示しているが、本稿では、自分の経験にとらわれずに、想像上の人物を設定して自由に創作することを提案している。そうすることで、「窓」には、多様な場面が描かれ、読みごたえのある創作が生まれると考える。

3　授業イメージ

1　本時（第９時）の目標

「窓」に映る場面の様子を想像するとともに、優れた描写のよさについて考え、理解することができる。

2　授業改善のポイント

次時において、「『窓』に映る世界を自分なりに創作する」ことを念頭に置いた本時の学びがあるということがポイントである。

書くことを念頭に置くことで、子どもは、本作品の特徴である心情描写や情景描写のよさについてより切実に理解しようとすることができるだろう。

・ラジオの音楽に混じって、二人の子どもの笑い声が…
音も聞こえる
・あの庭は、今はもうないのです。
切ない理由

〈創作のポイント〉
・すてきな思い出を書く。
・具体的な細かいモノを書く。
・かつての人物の行動が目にうかぶように書く
・最後に説明も加える。

3　授業の流れ

1　本時の位置付け・ねらいを確かめる

> この次の時間に「窓」に映る世界を創作するのでしたね。

まず、本時の位置付け、ねらいを確かめておく。本時は、次時に控える「『窓』に映る世界を創作する」ために作品の描写の仕方について学ぶ授業であることを押さえたい。

本時の位置付け・ねらいをきちんと確かめておくことで、子どもは、何のために学ぶのかを意識しながら、意欲的に学習に向き合うことができるだろう。

2　「窓」に映るのは何かを読み取る

> ３つの「窓」には、何が映っていましたか。

「子ぎつね」の「窓」には、お母さんぎつねの姿が、「ぼく」の「窓」には、昔大好きだった少女、子どものころに焼けた家とその庭が映っていることが分かる。

どれも、その人物にとっての素敵な思い出であることがわかる。次時の創作においても、そんな素敵な思い出を表現することを確かめたい。

きつねの窓　　安房　直子　文

めあて
「窓」に映る場面の描写の仕方について考えよう

〈映っていたのは〉
・子ぎつね…死んだ母さんの姿
・ぼく…昔大好きだった少女
・ぼく…焼けて今はない家とその庭

どれもすてきな思い出

〈好きな描写〉
・その下に、子どもの長靴が放り出されて…
　様子が目に浮かぶ
・ぼくの母が、今にも長靴を片付けに…
　母の行動が見える
・庭には母の作っている小さい庭園があって、青じそが…
　詳しい様子や行動が分かる

3　好きな描写について交流する

「窓」に映る場面の中で、好きな描写はどれですか？

描写のよさを確かめるために、好きな描写について意見を交流する。

子どもは、好きな描写一文を選び、そこからどんなことが感じられ、どんなことが考えられるのかを出し合う。

例えば、「かっぽう着を着て、白い手ぬぐいをかぶって。」という一文からは、「ぼく」が見たい母の姿が想像できる。母の着飾った姿ではなく、台所仕事をしながら、「ぼく」に注意するようなそんなかつての日常を愛おしく感じていることがわかる。

4　創作するときのポイントを確かめる

明日、創作するときにはどんなことを書くようにしますか？

描写について交流したら、改めて本時のねらい立ち返る。すなわち創作する際にどんなことを書くようにするのか、ということである。

例えば、「様子が目に浮かぶように具体的な細かいモノを登場させる」「心情でも、かつての人物の行動を描くようにする」「最後にそれがどんな風景なのかの説明も加える」といったポイントが出てくるだろう。

作品の描写のよさを味わいながら、創作にも生かしていきたいという気持ちをもたせるようにしたい。

６年

帰り道（光村図書）

青森県・八戸市立中居林小学校　大江雅之

私の授業改善プラン

●新教材の「読むこと」授業における問題点

新教材を指導する場合に問題となるのは、先行事例があまりないことである。先行事例があまりないということは、指導書やワークシートに頼った単元計画になりやすいことが予想される。それは、目の前の子どもたちの実態が反映されにくい単元指導計画につながる。目の前の子どもたちの実態を踏まえて、どのような手立てでどのような資質・能力を身に付けさせるかを吟味することが「読むこと」授業を創る原動力である。その原動力を欠いた単元指導計画が、新教材「読むこと」授業における問題点なのではないだろうか。さらに令和２年度は、感染症対策による全国的な休校措置により、学年始めの物語文に充てる時数は相当厳しい状況であったと考えられる。

●見通しと振り返りの設定

これまでの授業スタイルであった学習過程に見通しと振り返りの活動を設定した。

①　課題設定
②　個人追究
③　話し合い・討論
④　課題解決・まとめ

→

①　課題設定
②　**課題解決の見通し**
③　個人追究
④　話し合い・討論
⑤　課題解決・まとめ
⑥　**振り返り**

課題解決の見通しをもつことによって、対本時の課題だけではない、他の教材の読みにも生かすことができる学びを提供できるようにした。

また、④課題解決・まとめの後に観点を明確にした「振り返り」の場面を設け、学びの過程を自覚化させるようにした。そして、主体的な学びが成り立っているかを評価できるようにした。

本単元の読み取りの場面では、左の三つの観点から自分が表現したい内容を選択させるようにする。どの観点で書いたとしても、その時間の各々の取組状況をうかがい知ることができる。

〈振り返りの観点〉
・何を学んだか。何が分かったか。
・どうやったら解決できたか。
・友達のどんな発言がよかったか。

1　教材分析

1　育てたい資質・能力

本教材を通して育てたい資質・能力は次の三つである。

一つ目は、「多様で複雑な人物像をとらえる」ことである。本教材には、一人物においても自分が思っている自分、相手が思っている自分、変容した自分、読者が感じる自分など様々な切り口から人物像が描かれている。一人物において、これほど人物像が描かれる作品はこれまでに散見されなかった。人物というのは多様で複雑なものであり、自分自身もまたしかりであることに気付かせる。

二つ目は、「視点の違いをとらえる」ことである。本教材は、同じ時や場面を共有した二つの視点からなる物語である。一人称視点で描かれた物語は、視点人物の心情は分かるが、対人物の心情は想像するしかできない。視点人物の主眼で語られた時や場面は、例え同一のものであっても色味が異なり、物語の面白さや妙に結び付く。それを物語の魅力の一つとしてとらえさせる。

三つ目は、「構成の工夫をとらえる」ことである。1と2で示された同じ場面の回帰は、合わせて一つの完結した物語であることを認識させられる。また、共通項としての出来事や発言が絶妙に配置されていることも重要な構成の工夫である。また、二人の視点人物同士は知らないが、すべてを知っているのは読者だけであるという点も構成の工夫である。表現物の一つの形式として、自身の表現に取り入れたい作品構成となっている。

2　本教材の特性

物語は、ある1日の学校生活と帰り道が舞台となっている。何気ない1日ではあるが、登場人物にとっては、自己理解・相手理解が格段に進むかけがけのない場面となっている。また、発端のすれ違いの背景から、仲直りに至るまでの一つ一つの心の葛藤が、周也と律それぞれの視点で書かれ、客観的な立場から読者には見て取れるという面白さをもっている。人物の変容が色濃く表現されている教材であり、「二つの視点で描かれた文章表現」「心情の変化を示す、様々な描写表現」が文章的な特性として挙げられる。

3　単元化のポイント

「多様で複雑な人物像をとらえる」に関しては、自分自身に置き換えて考えるような働き掛けを取り入れるようにする。「視点の違いをとらえる」に関しては、同じ出来事でもそれぞれのとらえ方の違いが分かるように、板書を上下段に分けて時系列でまとめるようにする。「構成の工夫をとらえる」に関しては、全文を律パート、周也パートの上下段に分けて打ち直した全文プリントを学習材として配付する。その際、共通項の出来事を縦で揃えると構成の工夫がとらえやすい。

2　単元構想（全４時間）

単元名

視点の違いに着目して読み、書評をまとめよう

単元計画

○数字は時数

一次	二次	
①作品を読み、二人の視点で書かれている構成をとらえよう。	②中心人物はどちらかを考え、二人の人物像や変容についてとらえよう。	
○全文を読む。 ○感想をまとめる。 ○場所を視点にして、場面分けをする。 ○構成の工夫について話し合い、全体で共有する。	○学習課題「中心人物は律と周也のどちらだろう」を設定する。 ○課題解決のための見通しをもつ。 ○二人の人物像についてまとめる。 ○二人の変容をとらえる。 ○二人とも変容をしていることから、二人とも中心人物であり、それぞれの対人物であることをまとめる。 ○学習を振り返る。 改善ポイント	

単元の概要

三次全４時間の単元構成である。第１時では、作品に出合わせ感想をもたせるようにする。ここでの感想を、三次での表現活動に生かすようにする。また、場面分けを行い、二次での読み取りに生かすようにする。そして、構成の工夫について話し合い、作品の面白さを共有させる。

二次は作品の読み取りである。視点の違いを基点にし、二人の人物像と変容について考えさせる。他の作品の読解に転移できる読みの方法を見いだし、今後の読みを広げるようにする。

三次は、「学びに向かう力・人間性等」の評価場面とするために、実際の書評をもとにして、「自分」を入れた本教材の書評をまとめる活動を行う。書評とは、本を読者に紹介することが目的となる。読書感想文との違いを明確にし、表現方法としての一つとして身に付けさせるようにする。

目標

〈知識及び技能〉登場人物の人物像や視点の違い、作品の構成の工夫を捉えることができる。
〈思考力、判断力、表現力等〉登場人物の相互関係や心情などについて、描写を基に捉えることができる。（C 読む（1）イ）
〈学びに向かう力、人間性等〉登場人物と自分自身を重ね合わせて、作品の書評を表現しようとする。

評価規準

〈知識・技能〉文の中での語句の係り方や語順、文と文との接続の関係、話や文章の構成や展開、話や文章の種類とその特徴について理解すること。（(1) カ）
〈思考・判断・表現〉「読むこと」において、登場人物の相互関係や心情などについて、描写を基に捉えている。（C（1）イ）
〈主体的に学習に取り組む態度〉登場人物と自分自身を重ね合わせて、作品の書評を表現しようとしている。

		三次
	③だれの発言なのかを考え、登場人物の心情の変化をとらえよう。【本時】	④作品の書評を「自分」を入れてまとめよう。
	○学習課題「『行こっか。』はだれの発言？『うん。』はだれの発言？」を設定する。 ○課題解決のための見通しをもつ。 ○人物像と会話文の内容の関連に気付く。 ○「行こっか。」は律で「うん。」が周也であることを確認し、発言と人物の変容との関連についてまとめる。 ○学習を振り返る。 改善ポイント	○実際の本の書評をもとにして、書評について理解する。 ○「自分」を入れることを条件にして、『帰り道』の書評を書く。 ○書評を交流し合う。

授業改善のポイント

改善ポイント 見通しと振り返りの設定

二次における読み取りの場面で、課題解決のための見通しと振り返りの場面を設けることが授業改善のポイントである。第2時では、中心人物を特定するための見通しとして人物の変容をとらえることを押さえる。第3時では、誰の発言なのかを特定するための見通しとして、人物の変容の内容について考えることを押さえる。どちらも、本作品の読み取りから転移し、他の作品の読み取りにも活用できる「読みの技術」として学ばせる。そうすることで、国語科であっても他教科と同じように知識・技能を積んでいく側面があることを示していきたい。振り返りについては、二次の読み取りにおいて各自がどのように思考して臨んだのかを明らかにし、読みの技術などの学習の積み重ねが実感できるように設定する。

3 授業イメージ

1 本時（第３時）の目標

・だれの発言なのかを考える活動を通して、登場人物の心情の変化をとらえることができる。

2 授業改善のポイント

物語終末の「行こっか。」「うん。」のそれぞれの会話文がどちらの発言なのかを考える学習課題を設定する。課題解決に向けての指導者と学習者の小刻みな一問一答を避けるために、シンプルに会話文の内容と前時の人物像の学びをリンクさせる。人物の変容を課題解決の軸にして、発言者を明らかにしていく。

変容した律が言いそうなのは
「行こっか。」
みぞおちの異物が消えてきた。
分かってもらえた気がした。

変容した周也が言いそうなのは
「うん。」
律の言葉をちゃんと受け止められたかもしれない。

「行こっか。」が律、「うん。」が周也の発言である。
だれの発言なのかは、人物の変容を考えると分かる。

〈振り返り〉
① 何を学んだか。何が分かったか。
② どうやったら解決できたか。
③ 友達のどんな発言がよかったか。

3 授業の流れ

1 二人の人物像を確認し、学習課題を捉える。

「行こっか。」はだれの発言？
「うん。」はだれの発言？

律と周也の視点から、共通する会話文は天気雨が降ってきた時の「うおっ。」「何これ。」と、終末の「行こっか。」「うん。」の二箇所である。このうち「うおっ。」「何これ。」の方は、周也の視点の２において発言者の言及がされている。しかし、「行こっか。」「うん。」については、発言者の言及がされておらず「空所」となっている。「空所」となっているために、それぞれの発言者を決める課題を設定することによって、学習者に判断のズレが生まれると考える。

2 課題解決のための見通しを考える。

どうすればこの課題を解決することができるだろうか？

学習課題の設定後、どうすれば解決することができるのかを問い、課題解決の見通しをもたせるようにする。「どこに目を付けて、どうやったらできるようになるか」「どこに目を付けて、どうやったら分かるようになるか」を問うようにする。反応として「会話付近のキーワードを探す」や「会話の時の心情を考えてみる」等が挙げられると思われる。ここは、「人物の変容とリンクさせる」ことを他に転移できる読みの方法として、展開の中で気付かせ、教えていくようにする。

帰り道

「行こっか。」はだれの発言？
「うん。」はだれの発言？

森　絵都

Q、どうすれば解決しそう？
A、近くのキーワードをじっくり見るべし！
律…雨上がりみたいな笑顔
分かってもらえた気が
気がした
周也…ちゃんと受け止め
られた。

NEW　だれの発言なのかは変容を考えるべし！

〇律の人物像
・自信がない
・内気
・マイペース

そんな律が言いそうなのは
「うん。」

〇周也の人物像
・積極的
・やんちゃ
・あきっぽい

そんな周也が言いそうなのは
「行こっか。」

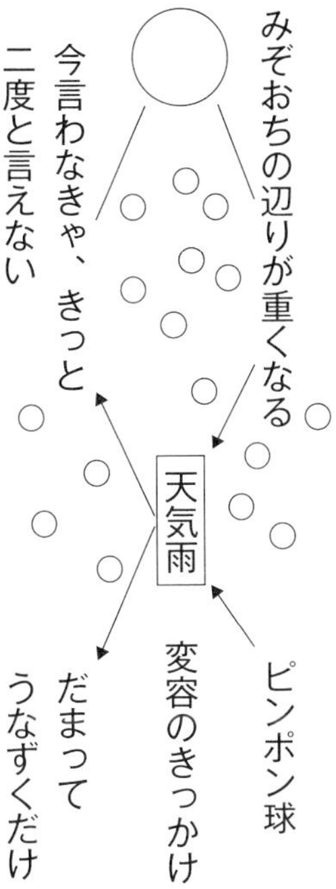

みぞおちの辺りが重くなる
ピンポン球
天気雨
変容のきっかけ
今言わなきゃ、きっと
二度と言えない
だまって
うなずくだけ

3　人物像と会話文の内容の関連に気付く。

人物像でたとえるなら、「行こっか。」と「うん。」はどれだろう。

前時の人物像の学びを生かすようにする。「行こっか。」は人物像で例えるなら積極的・やんちゃ・活発といったイメージがあてはまる。「うん。」は、内気・繊細・受容的といったイメージがあてはまる。つまり、「行こっか。」は周也、「うん。」は律が言いそうな会話文である。しかし、前時で二人の登場人物はそれぞれが変容していることを学んでいる。よって、「行こっか。」は言いたいことを言えるようになった律であり、「うん。」は相手を受け止めることができるようになった周也である。

4　学習をまとめて、振り返りを書く。

三つの観点から選んで、今日の学習を振り返ろう。

本時の学習の振り返りは、以下の三つの観点から自分が表現したい内容を選ぶようにさせる。

①何を学んだか。何が分かったか。
②どうやったら解決できたか。
③友達のどんな発言がよかったか。

ノートには肯定的なコメントを入れ、深い学びが感じられる内容については、学級通信等で紹介するようにする。次時は「帰り道」の最後の学習であり「書評」を書くことを伝えて終えるようにする。

【編著者紹介】

全国国語授業研究会

筑波大学附属小学校国語研究部のメンバーを中心にして1999年に発足。

授業者の、授業者による、授業者のための国語授業研究会。

年１回の夏の大会には全国から多数の参加者が集まり、提案授業をもとに歯に衣着せぬ協議が行われる。

季刊誌『子どもと創る「国語の授業」』（年４回発行）、『国語実践ライブラリー』（2001）、『読解力を高める』（2005）、『小学校国語科活用力シリーズ』（2008）、『国語授業力シリーズ』（2010）、『読解力を育てる』（2011）『読解力を高める　表現力を鍛える　国語授業のつくり方』（2012）『論理的思考力を育てる国語授業』（2013）『論理的思考力を高める授業―教材研究実践講座―』（2014）『新教材の教材研究と授業づくり―論理的思考力を育てる国語授業―』（2015）『子どもと創る　アクティブ・ラーニングの国語授業―授業者からの提案―』（2016）『国語授業における「深い学び」を考える』（2017）『定番教材で考える「深い学び」をうむ国語授業』（2018）『対話で深める国語の授業』（2019）（以上、東洋館出版社）などを通して、国語の授業力を世に問い続けている。

■執筆者（執筆順）2021年２月現在

第１章

青山由紀（筑波大学附属小学校）……提案授業、座談会

青木伸生（筑波大学附属小学校）……座談会

桂　　聖（筑波大学附属小学校）……座談会

白坂洋一（筑波大学附属小学校）……座談会

弥延浩史（筑波大学附属小学校）……座談会

大塚健太郎（文部科学省）……座談会

第２章

小島美和（東京都・東村山市立久米川小学校）……………「おおきなかぶ」

藤平剛士（相模女子大学小学部）……………………………「たぬきの糸車」

髙橋達哉（山梨大学教育学部附属小学校）…………………「やくそく」

土居正博（神奈川県・川崎市立はるひ野小中学校）………「スイミー」

柘植遼平（昭和学院小学校）…………………………………「お手紙」

岩立裕子（神奈川県・小田原市立曽我小学校）……………「きつねのおきゃくさま」

沼田拓弥（東京都・世田谷区立玉川小学校）………………「まいごのかぎ」

溝越勇太（東京都・立川市立第六小学校）…………………「モチモチの木」

山本純平（東京都・葛飾区立梅田小学校）…………………「ちいちゃんのかげおくり」

三浦剛（東京都・町田市立鶴間小学校）……………………「白いぼうし」

田中元康（高知大学教育学部附属小学校）…………………「一つの花」

安達真理子（立教小学校）……………………………………「ごんぎつね」

笠原三義（都内私立小学校）…………………………………「たずねびと」

藤田伸一（小学校教員）………………………………………「大造じいさんとガン」

比江嶋哲（宮崎県・都城市立五十市小学校）………………「注文の多い料理店」

笠原冬星（大阪教育大学附属平野小学校）…………………「海の命」

山本真司（南山大学附属小学校）……………………………「きつねの窓」

大江雅之（青森県・八戸市立中居林小学校）………………「帰り道」

小学校国語
「深い学び」をうむ授業改善プラン　文学

2021（令和3）年 3 月12日　初版第 1 刷発行

編　著　者：全国国語授業研究会・筑波大学附属小学校国語研究部
発　行　者：錦織　圭之介
発　行　所：株式会社　東洋館出版社
〒113-0021　東京都文京区本駒込 5 丁目16番 7 号
営業部　電話03-3823-9206　FAX03-3823-9208
編集部　電話03-3823-9207　FAX03-3823-9209
振替　00180- 7 -96823
URL　http://www.toyokan.co.jp
デザイン・印刷・製本：藤原印刷株式会社
カバーデザイン：中濱　健治

ISBN978- 4 -491-04326-5
Printed in Japan